自分が「大好き!」になるオカンの教え

お笑い講演家
ワタルちゃん

はじめに
「あなたは自分のことが大好きですか？」

かつての僕は、自分のことが大嫌いでした。

ほとんど笑うこともなく、自分の存在価値に疑問を抱く日々が続いていました。まわりと自分を比べては落ち込み、何をしても満たされない。

そんな僕に、大きな変化をもたらしたのが「オカン」でした。

はじめまして。僕は「ワタルちゃん」と言います。お笑い芸人として、日本初の母子漫才コンビ「ワタル with オカン」として吉本興業に所属していました。

最近では「お笑い講演家」として全国で講演活動をしています。これまでオカンと一緒に漫才を通して、たくさんの方々に笑顔を届けてきました。そして今回、これまでの経験と「オカンの教え」を、この本に詰め込ませていただきました。

オカンは僕にとっての笑顔の先生です。オカンと漫才を始める中で、日常の中に笑顔を見つけるヒントを数多く教えてもらいました。

その経験の中で、僕の人生を根底から変える「自分理論」という考え方に出会いました。

この理論は「ヒト・モノ・コト」のすべてを自分だと思うことで、人と比較せず、自分らしく生きることができ、自然に自分を大好きになることができるというものです。

そして、この考え方を突き詰めていった先にたどり着いたのが「ゼロティブ」という概念です。

ありがたいことに、世界的なスピーカーイベントTEDx Talksの「TEDxNamba」に登壇し、ゼロティブは「広める価値のあるアイデア」として高く評価され、国内外から大きな反響を得ました。

この考えを実践することで、僕は次第に他人との比較から解放され、自分を大好きになることができるようになりました。「他人と比べる必要なんてない。自分は自分として生きていいんだ」と、心から思えるようになったのです。

驚くべきことに「ゼロティブ」を実践していくと、すべての物事がうまくいくようになりました。「ゼロティブ」は、ただの考え方ではなく「人を救う力」がある。僕はそう確信しています。

「ゼロティブ」は、すべての瞬間を「自分」として受け入れることで、他人と比較せずに生きる力を養うメソッドです。これを実践することで、誰もが、今より自分のことをもっと大好きになっていきます。

「ゼロティブ」とは、ポジティブでもネガティブでもなく、すべてをそのまま受け入れる生き方で「本来の自分の状態」を指します。

たとえば、赤ちゃんを思い浮かべてください。赤ちゃんは、ポジティブとネガティブという二元論で生きているわけではありません。ただただ、今という一元論の世界に存在しています。その状態こそが「ゼロティブ」です。

僕たちは日々、周囲と比較し、自分を評価することで疲弊してしまうことがあります。ポジティブでなければならない、というプレッシャーを感じる人もいるかもしれません。

しかし、赤ちゃんのように、ただそのままの状態で存在することで、比較や評価から解放されることができます。

それが「ゼロティブ」の考え方です。

漢字の「子」という文字を見てみましょう。この文字は「一」と「了」で構成されています。「一」は「はじめ」、「了」は「おわり」を意味します。この二つが重なることで「子」という字が成り立っています。

このことから「子」というのは「始まり」と「終わり」が重なった「〇（まる）」のような存在であり、すべてを包括する「ゼロ」の状態であるとも考えられます。

つまり、「子ども」の状態は「ゼロティブ」であると言えます。

現在、多くの人が「ポジティブが良い」「ネガティブが悪い」と考えがちですが、この一元論的な「ゼロティブ」の生き方は、新しい価値観を提供し、比較や評価から解放され、自分だけの「大好き」を追求することの大切さを教えてくれます。

本書では、オカンから教えてもらった「自分理論」を中心に「ゼロティブ」になるための考え方をまとめました。

この理論を実践することで、周囲と比較しない本来の自分を取り戻し、笑顔あふれる人生を築いていくことができるでしょう。

僕がこの本を執筆した理由はただ一つです。

あなたが自分のことをもっと大好きになり、笑顔あふれる毎日を過ごしていただきたいからです。

本書が、あなたにとって「ゼロティブ」な生き方を始めるきっかけとなれば、これ以上の喜びはありません。

第1章
あなたがネガティブなのは、おそらく笑顔が足りないからだ

第2章 すべてが自分になっていく「ワタルちゃん理論」とは何か？

第3章

「ワタルちゃん理論」を加速させて日常のすべてを輝かそう

第4章
小さな心の変化が、大きなきずなを生んで、未来を変える

第5章

「大好き」があなたを守り、みんなとつないでくれる

第1章

あなたがネガティブなのは、おそらく笑顔が足りないからだ

オカンが「ずっと寝ている」のが普通だった中で……

僕はオカンと漫才コンビを組んでいますが、オカンはもともと、人前へ出る性格ではありませんでした。人前へ出るとか言う前に、僕が物心ついたときから、ずっと布団の上で寝ていたのです。

オカンは毎日のように布団の上で「しんどい、しんどい」って言っていたので、僕にとってのオカン像は「ずっと寝ている人」でした。

僕にとって、それが「当たり前」だったのです。

育った環境というものは、人それぞれ違います。情報が何もない状態の中から、次々と情報を追加していき、なじませていく。とくに小学生くらいまでは、周囲の情報を集めていきながら、自分の人生のルールブックを確認していくような感じがします。

その「ルールブック」の中で、自分というものを見つけていくものでしょう。

なぜオカンがずっと寝込んでいたかというと、産後うつ、うつ病でした。僕は４人兄弟の末っ子でしたが、僕が生まれてからは、ずっと寝込むようになったようです。

幼稚園はバスでの通園でしたが、オカンがバス停までの送り迎えができないので、ほとんど幼稚園に行くことはありませんでした。

オトンは自営業をしていて、毎日朝から夜遅くまで仕事、兄や姉たちは年が離れていたため、自分たちで学校に行っていました。この日常も自分にとって当たり前であり、どういうふうに1日を暮らしていくかを考えていく毎日でした。僕にとって、この日々は苦痛でもなく、うれしいことでもなく、ただただ「当たり前」だったのです。

当たり前の毎日の中でも「どのように退屈しないように毎日を過ごしていくか？」「どうすれば毎日が楽しくなるのか？」を考えていました。家の中という限られた制限がある空間の中で、退屈をしのぐ策を考えていく方法を、頭の中で妄想していきます。

たとえば、ガンダムのプラモデルを並べて、ひたすらぶつけ合ったり、バリエーションをつけながら動かしてみたり、オリジナルストーリーを作っていって、ガンダムの世界に入り込んでいくのです。

ほかにも、空をずっと見ていて、ゆっくり動いていく雲の動きを見ながら、雲の形から見たことのない生物の顔を想像していきます。

あるいは、空を飛べるようになるために、ひたすら自分自身に意識を集中させていき、空を飛ぶ練習をして過ごしたこともあります。

とにかく、自分が頭に思いついたやりたいことを、自由にやっていく幼少期でした。


毎日こういうふうに生きていると「自分は何のために生きているのか?」「自分とは何者なのか?」ということも考えていくようになっていきました。


この答えが出ることはないのですが「この世界は何なのか?」の意味がわからないなりに、その答えを探していました。

未だにこの答えは出ていませんが、今になって思うことは、この問いそのものに、あまり意味がないのではないかということです。

どんな問いが生じたとしても、答えがあるかどうかわからないし、答えが合っているかどうかもわかりません。

どんなに疑問が浮かんでも、答えが見つかるかどうかは重要ではありません。それよりも「自分が笑顔になる選択」で生きていくことが大切です。

僕が子どものころ「これが当たり前や」と思っていた日常と同じです。仮に、他人から「いや、それは違うよ」と言われても、現実は目の前にあるのです。

だったら、現実を笑顔で楽しんだほうがいいでしょう。ないかもしれない正しい答えを見つけることより、そのほうがはるかに大切だと思いませんか？

そもそも、世の中には正しい答えなんて、実はないのかもしれません。

「正しい答え」よりも、「笑顔で過ごせること」を選ぼう

「オカンを笑顔にするため」芸人を目指す

僕は４人兄弟の末っ子というポジションで生まれました。兄弟の構成は、長男の「兄ちゃん」、次男の「兄ちゃん」、長女の「姉ちゃん」、そして「ワタルちゃん」です。

年が離れていることもあって、兄弟たちはそれぞれの世界を持っていましたが、家族全員が共通して楽しんでいたものが一つありました。それが「お笑い番組」です。

毎日、夜になるとテレビを囲んで、家族みんなでお笑い番組を見ていました。何より僕は、兄弟たちが大笑いしているのを見るのが大好きでした。**笑いというものは、人を元気にしてくれる力があるのだと、このころからぼんやりと感じ始めていたのです。**

お笑い番組が終わると、兄弟たちは番組の出演者のモノマネを始めます。僕も一緒になって彼らの真似をしたり、ふざけたりして、家中に笑いがあふれました。

ですが、家の中で一人だけ笑っていない人がいました。それが、オカンです。

僕たちがどれだけ笑い合っていても、オカンはいつも布団の中にずっと横になってい て、僕たちがどれだけ笑っていても、オカンの表情は変わりませんでした。

当たり前の光景ではありましたが「兄や姉から聞いていた元気いっぱいのオカンの笑顔を僕も見てみたい。どうにか笑顔になってもらいたい」と思うようになりました。

僕はオカンを笑顔にするために、ある大胆な計画を思いつきました。

それは「テレビの中にいるお笑い芸人さんたちに直接会って、オカンを笑顔にする方法を教えてもらう」というものです。

「あの中に入ることができたら、オカンを笑顔にする方法がきっとわかるはずだ」

テレビの中にいる芸人さんたちから、オカンを笑わせる秘訣を直接聞けば、きっとオカンを元気にできる。そんな期待を胸に、僕は兄弟たちがいないときを見計らって、こっそりとテレビの前に立ちました。

お笑い番組が始まると、部屋の端から全力で助走をつけて、テレビに飛び込みました。「この中に入れれば、彼らに会える」と本気で信じて……。

もちろん入れませんでしたが、僕は何度も挑戦しました。画面に顔を押しつけたり、テレビの横からのぞき込んだりして、なんとかその世界に飛び込もうと必死でした。

僕にとって、オカンを笑顔にすることは、何よりも大事なことだったのです。

オカンが笑ってくれれば、家がもっと明るくなり、家族全員が元気になる、それを取り戻すことができるのは僕しかいないと、そんなふうに考えていたからです。

結局、何度挑戦しても、テレビの中に入ることはできませんでした。


しかし、ある日、またテレビの中に入ろうと、画面をじっと見つめていたとき、ふと気づきました。テレビの向こう側は手が届かない。でも、僕の目の前には、いつも現実のオカンがいる。僕が本当に向き合わなければならないのは現実のオカンなんだ、と。

もしオカンを笑顔にしたいのなら、テレビの中の芸人さんたちに頼るのではなく、僕自身がその笑いを作り出さなければならない。

そう思った瞬間、僕の夢は決まりました。

「もし僕がお笑い芸人になったら、オカンが笑顔になってくれるかもしれない」


それからというもの、僕の毎日は「どうやったらオカンを笑顔にできるのか?」という問いで埋め尽くされました。

兄弟とのモノマネやふざけ合いも、ただ楽しいだけじゃなくなりました。僕は真剣に、どうすればもっと人を笑わせられるのか、どうすれば笑顔を引き出せるのかを考えるようになったのです。

オカンが笑ってくれることを夢見て、毎日のように兄弟を相手にお笑いの練習をしましたが、オカンはなかなか笑ってくれませんでした。

人を笑わせるのって、ただふざけたり、おもしろいことを言ったりすればいいわけじゃない……。人を笑わせるというのは、実はものすごく深いものなんだと、このころから少しずつ理解していったのです。

大切な人を笑顔にする努力や工夫をしてみよう

笑わない自分がかっこいい？

僕のお笑い人生は、幼いころの兄との笑わせ合いによって始まりました。

まだ言葉で巧みに笑わせる術を知らなかった僕にとって、笑いを取る手段はただ一つ「変顔」でした。兄もまた、僕を笑わせるために変顔を駆使してきます。ことあるごとに、僕の目の前に現れて奇妙な変顔を繰り出してきます。

兄の変顔のインパクトは絶大で、まるで変顔の「究極形態」でした。

さらに兄は、変顔の状態で、まばたきのリズムやスピードに変化を加えてきます。最初はゆっくり、次に急に速くまばたきを繰り返すのです。

しかも、鼻の穴をピクピクふくらませ、口はゆっくりパクパクさせることによって、まるで顔全体がリズムに合わせて踊っているかのようでした。

とどめに、兄は変顔だけではなく、言葉にならないような奇妙な音を口から発するようになりました。突然「ふぁ〜」といった意味不明の音を発してくるのです。

あまりにもおもしろかったので、僕は思わず笑ってしまいました。

その瞬間、兄は「はい、笑った、負け〜！」と憎たらしい口調で言い放ちます。その一言が、なんとも言えないくらい腹立たしく「なんで僕が笑ったら負けなんだろう？」と納得できない気持ちが、次第に僕の中でふくらんでいきました。

そこで、僕はある日から決心しました。

「**どんなにおもしろくても、決して笑わない自分になりたい**」

それ以降、兄がどんなにおもしろい顔をしてきても、僕は我慢するようになりました。心の中では笑いがこみ上げてくるのを感じても、絶対に顔には出しません。

兄も変顔のレパートリーを増やし、今度は体全体を使って小刻みな動きを加えて笑わせようとしてきましたが、僕も無表情を保つ技術を日々鍛えていきました。

しかし、ある日、兄との攻防の最中に、僕の頬がほんの一瞬だけ「ピクッ」と動いてしまいました。その瞬間を見逃さず、兄はすかさず「はい、ほっぺ動いた、負け〜！」と叫びました。

僕は「え、ほっぺが動いても負けなん?」と不満と驚きを感じましたが、この新たなルールの導入により、僕はさらなる挑戦を強いられることになりました。

笑いを我慢するだけでなく、今度は頬すら動かさないように、常に顔の筋肉を意識しながら生活するようになったのです。

この挑戦は、日常生活にも大きな影響を与えました。常に表情を完全におさえる訓練をする日々が始まったのです。

家族と一緒にあんなに楽しく見ていたお笑い番組も、僕にとっては「笑いを我慢するための練習の場」と化していきました。テレビの中で繰り広げられる漫才やコントも、いかにして頬を動かさずに耐えるかの試練に変わっていったのです。

お笑い番組なのに、僕は笑いを我慢することしか考えていませんでした。どんなにおもしろいシーンでも、頬一つ動かさずにやり過ごせるようになっていったほどです。

こうして僕は、無表情を保つための技術を身につけていきました。この無表情の訓練は、やがて僕の性格にも影響を及ぼすようになりました。

どんなに楽しいことがあっても、笑わないことが当たり前になり「笑顔」という表情が自分の顔から徐々に消えていったのです。家族の前で笑うことが減り、感情を表に出すことがほとんどなくなりました。

最初は兄に勝つためだったはずなのに、いつの間にか「笑わない自分」が自分の一部になっていました。それどころか、いつしか僕は「笑わない自分がかっこいい」と思い込むようになっていたのです。

僕は「笑ったら負け」というルールに縛られすぎて、本来の自分を見失っていました。今となっては思い出話ですが「かっこいい」の定義を完全に間違えていたのです。

笑わない自分がかっこいい？
そんなわけない。ヘタなプライドは捨てろ！

なぜ誰も相方になってくれなかったのか？

小学校に入学すると、幼稚園に行っていなかった僕は、同級生との関わり方がまったくわからず、初めての集団生活に対してひどく緊張していました。

実際、小学校生活が始まっても、なかなか友だちができませんでした。幼少期に兄との「笑ったら負け」のゲームで無表情を保つ習慣がついていたせいで、クラスメイトともうまく笑い合うことができなかったのです。

みんなが笑い合っている中で、僕だけがポツンと無表情でいることが多くなり、どう接していいのかわからない自分に苛立ちを感じていました。

緊張や不安のせいか、誰かが話しかけてきても、うまく返事をすることができませんでした。その代わり、反射的に「キャー！」と叫んでしまうようになったのです。

たとえ普通の会話でも、口から出るのは「キャー！」だけ。

同級生たちはそんな僕に驚き、次第に誰も近づいてこなくなりました。

最初は困惑していた僕ですが、だんだん「キャー！」と叫ぶのが楽しくなってしまいました。何か言われるたびに、わざと「キャー！」と言うこともありました。

次第に「キャー！」と言うことも少なくなりましたが、クラスメイトたちと距離が縮まることはありませんでした。どんどん自信をなくしてしまい、ほとんど友だちができないまま時間が過ぎていったのです。


中学、高校へと進むにつれ、僕は友だちを作ることに対し、あきらめのような気持ちを抱くようになりました。むしろ、どうやって同級生と関わらないように学校生活を送るかを考えるようになり、それが自分の中で「おもしろいこと」と思っていました。

普通の学生とは、どこかズレた考え方をしていたのですが、そんな学生生活を送りながらも、僕はお笑いが好きでした。家でお笑い番組を見ていると、どんだけ学校で一人ぼっちだったとしても、心が落ち着いたのです。

孤立はしていたものの、実は同級生の笑顔を見るのも好きでしたし、どこかで「自分も笑顔を作りたい」と思っていました。

高校を卒業し、大学に通い始めたころ、僕はある決意を固めました。それは、昔からの夢だった「お笑い芸人になる」というものです。目指すは漫才師でした。お笑いに真剣に向き合いたいと思い、吉本興業の養成所であるＮＳＣに通うことを決めました。

しかし、漫才をやるためには相方が必要です。ボケとツッコミの役割を理解し合い、息の合ったパフォーマンスをするためには、信頼できるパートナーが必要なのです。

僕は思い切って、高校時代にツッコミがうまいと評判だった同級生に声をかけました。ほとんど話したことがない彼に勇気を振り絞り、漫才の相方をお願いしたのです。でも、彼の反応は予想通りで、怪訝な表情を浮かべながら、あっさり断られました。

それでも僕はあきらめず、別の同級生たちに声をかけ続けました。笑いのセンスがある人、漫才に興味を持ってくれそうな人を探し出し、20人に声をかけたのです。

しかし、結果は同じで、全員に断られました。同級生たちは、突然、話したこともない僕に声をかけられて「キャー！」と思っていたに違いありません。

なぜ誰も僕の相方になってくれなかったのか、その理由は明白です。それは、僕自身がこれまで人と深く関わろうとしてこなかったからです。

小学校時代、僕は「笑ったら負け」という自己ルールを守り続けてきました。無表情でいることを誇りに思い、感情を押し殺していた結果、人との距離がどんどん広がっていったのです。それは、中学・高校と進むにつれても変わりませんでした。

人と距離を置くことが「おもしろい」とさえ思っていた自分。そんな僕に、いきなり「相方になってくれ」と頼まれても、誰も心を開いてくれるはずがなかったのです。

僕が孤立していたのは、僕自身の選択でした。友だちを作らなかった自分、関係を築く努力をしなかった自分に、その代償が今になって返ってきていたのです。

そのとき初めて、人とつながる努力を怠っていた自分に気づき、それがいかに大切なことだったかを痛感したのです。

「キャー」って言うと、「キャー」な出来事が返ってくる

偶然を味方にできたことで相方がオカンに

誰に声をかけても漫才の相方を断られてしまう中、僕はいちばん話しやすい存在である姉に相談してみることにしました。

「姉ちゃんに声をかけてみたら、相方になってくれるかもしれない」

そんな予感がしたので、勇気を出し、会話の流れで声をかけました。

「姉ちゃん、一緒に漫才やってくれへん？」

姉からは、間をほとんど空けずに返答がありました。

「なんで漫才なんかせんとあかんねん！」

そのスピード、タイミング、間……すべて完璧なツッコミで、ついに姉からも断られてしまいました。

僕のまわりには、どこにも漫才の相方をやってくれる人はいませんでした。

それから、僕は吉本興業の養成所であるNSCに行ってから、相方を見つけようと決心しました。

NSCは、東京と大阪にあり、全国から笑いに自信がある人たちが集まる学校です。ここでは、現在も活躍している芸人さんを数多く輩出しています。

早速、NSCの願書をいくつか取ってきて、願書に記入し、郵便ポストに願書を投函しました。

数週間後、NSCから1通のハガキが届きました。

それは、NSCからの面接日の通知でした。僕は面接日までの間に、最高の自分に仕上げていきながら、変顔を繰り返し練習しました。

さらに、テレビに出たときに「コンビ結成エピソード」を話す機会が必ずあることを考えて、面接会場で相方を見つけようと思い立ちました。

いちばんおもしろい相方との出会い方を考えていったときに「面接会場で隣になった人を相方にする」だったのです。

迎えた面接当日。最高の状態に仕上げて、電車に乗り、大阪の難波にあるＮＳＣへと向かいました。

面接会場に着くと、同世代の人たちがたくさん集まっていました。僕は隣の席が空いている席に座り、未来の相方が現れるのを期待して待っていました。

しばらくすると、誰かが隣に座ってきました。

「ついに未来の相方が来た！」とドキドキしながら隣を見ると、家で寝込んでいたはずのオカンが座っていました。

「なんでオカンいるねん！」

驚きながら声を上げると、オカンは震える手で、面接の案内通知のハガキを見せながら「当たると思わんかった、当たると思わんかったんや！」と言ってきました。ハガキを出したら景品が当たる懸賞ハガキのノリで、ＮＳＣの願書を出したそうです。

その後、面接が始まり、面接官から「あなたたち親子ですよね？」って聞かれると、オカンはいきなり立ち上がり、面接官の前で、僕も見たこともない一発ギャグを披露し、僕たちの面接は終わりました。

数日後、結果が届き、僕たち親子は無事に面接に合格することができて、ＮＳＣに通うことになりました。

当時、オカンは51歳。通常、ＮＳＣの入学には24歳という年齢制限があったのですが、ちょうど僕が入学した年から年齢制限が撤廃されていたのです。

オカンは、入学すると同時にＮＳＣ史上最高齢のＮＳＣ生となり、ここから吉本初のお母さんと息子の漫才コンビである「ワタル with オカン」が誕生しました。

不思議なことに、この日を境にオカンは毎日起きるようになりました。こうして、僕たちの芸人人生が始まったのです。

あなたの近くにいる人が、あなたを助けてくれる

人の心を動かすのは、勉強でもお金でもなかった

オカンと一緒にNSCに通うことが決まったのですが、そこには一つ大きな問題がありました。それは「オトン」、つまり父親の存在です。

オトンは昔から厳しい人で、お笑い芸人という職業に対し、どこか否定的な考え方を持っていました。オトンの前では、芸人という夢を語ることすらできませんでした。

僕は高校卒業後すぐにNSCに行きたい気持ちはあったのですが、オトンの反対が目に見えていたので、まずは大学に進学することを選びました。

少なくとも大学ではしっかりと単位を取り、バイトでお金を貯めてからNSCに通うほうが、反対されにくいだろうと考えたのです。

大学生活では、しっかりと単位を取りつつバイトに精を出し、少しずつお金を貯めていきました。NSCの年会費40万円を貯めることが一つの目標です。

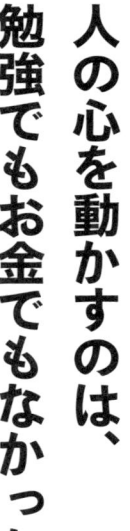

おかげで大学3回生になるころには、ほとんどの単位を取り終え、貯金も十分に貯まりました。ＮＳＣの年会費40万円が貯まったタイミングで面接を受け、入学が決まったのです。

しかし、まさかの展開でオカンも一緒にＮＳＣに通うことになったため、オトンにこのことがバレるのではないかと心配になりました。オカンには「絶対にオトンには言わんとってや」とお願いしましたが、内心、どうやって隠し通すかを悩んでいました。

そんなある日、オトンにＮＳＣに通うことがバレてしまったのです。

僕はすぐにオカンを問い詰めましたが、オカンは「オカンは言っていない！」と強く否定します。何度も確認しましたが、たしかにオカンは言っていないようでした。

では、どうしてオトンは知ってしまったのか？

その答えは思いもよらないところにありました。

オカンが神棚に、ＮＳＣの面接合格通知を置いていたのです。それをオトンが見て、すべてを察したというわけでした。

「オカン、何してんねん！」

内心ツッコミを入れたくなりましたが、もう起こったことは仕方ありません。逃げてばかりもいられないと思い、ついにオトンと向き合って話し合う決心をしました。

正直、ＮＳＣに行くことを反対され、最悪の場合、あきらめざるを得ないと覚悟していました。

台所でオトンと向き合い、緊張の中、オトンは「お前、吉本行くのか？」と切り出してきました。僕が「うん」と答えると、驚くべき言葉が返ってきたのです。

「お母さんと一緒にがんばってやってきなさい」

僕は驚いて、一瞬、言葉が出ませんでした。まさかオトンが、応援してくれるとは思っていなかったからです。

オトンはオカンの健康状態を気にしていて、ずっと寝込んでいたオカンが最近やっと元気になり、また何かに挑戦しようとしていることがうれしかったようです。

「健康には代えられないから、お父さんも応援する」とオトンは言ってくれました。神棚に合格通知が置かれていたこともあってか、オトンも自然と納得し、応援してくれることになったのです。

僕は自分で貯めたお金で、NSCの年会費40万円を一括で支払いましたが、オカンはオトンに頼んでローンで支払うことになりました。

オトンは、オカンが寝込んでいた間、誰よりもつらい思いをしていたに違いありません。そんなオトンにとって、オカンの健康回復はとてもうれしいことであり、家族全体にとっても大きな喜びでした。

僕はこの出来事を通じて、健康でいることがどれほど大切で、当たり前ではないことかを改めて実感しました。

オトンの理解と応援を得て、僕とオカンは無事にNSCでの新たな挑戦をスタートさせることになりました。オトンが応援してくれたことは、何よりも心強いものでした。

健康はお金では買えないし、何物にも代えられない

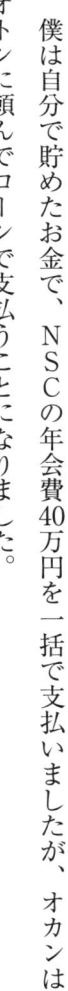

「笑わない人」が誰かを笑わせるなんてできない

ＮＳＣでは、作家の先生の前でネタを見せ、講評を受ける「ネタ見せ」という授業があります。日本中から集まった変わり者や学校の人気者たちが、ライバルとしてネタを披露し合うのです。

僕は「ＮＳＣは笑いのテクニックを教えてもらえる場所だ」と思っていましたが、実際はそうではありませんでした。

「自分がおもしろいと思うことをやる」。それがこの場所のルールなのです。

ホワイトボードにコンビ名や芸名を記入し、書いた順番にネタ見せをしていきます。最初にアピールする芸人もいれば、毎回、一言も話さず帰っていく芸人もいて、本当にさまざまでした。

ネタ見せでは、それぞれの価値観での「おもしろい」が発表されていきますが、地元の友だち相手にやるような身内受けのネタを見せられても笑えません。

しかし、なかには、ぶっとんだネタをやるコンビがいて、まわりは大爆笑していました。それでも僕は、兄から教わった「はい、笑った、負け～！」という言葉が頭にあったので、笑うことはもちろん、頬が動くことすらありませんでした。

そんな僕とは対照的に、オカンはどんな芸人のネタにも必ず笑っていました。すべっているネタですら、オカンが笑うことで場の空気がよくなり、オカンの笑いで、まわりもつられて笑っていました。そんなオカンに、僕はイライラしていました。


しかし、ＮＳＣの授業が終わり、帰りの電車の中でオカンが言ってきました。

「あんた、ほかの友だちが一生懸命ネタをやってるのに、なんで笑わへんのや？　お客さんを笑わせるために芸人やってるんちゃうんか？　**お客さんを笑わす前に、あんたが笑顔にならなくて、誰があんたに笑ってくれるねん**」

普段は温厚なオカンから言われた言葉。いつもなら言い返すのですが、何も言い返すことができませんでした。すると、オカンは僕をじっと見つめたかと思うと、急に「コチョコチョコチョコチョコチョ～」と僕の体をこちょばして（くすぐらせて）きたのです。

ワタル「やめろや！　何するねん！」
オカン「怖い顔ばっかしてたらあかん！　セルフコチョコチョや！」
ワタル「なんやねん、セルフコチョコチョって」
オカン「自分で自分を喜ばせるんや。人に頼ったらあかんで！　**どんなときも、自分から笑うんやで。**そのためのセルフコチョコチョや！」
ワタル「自分で自分をこちょばせる？」
オカン「そうや！　こうやってな……自分で自分をコチョコチョコチョコチョ！　アハハハ、こちょばい！　おもしろい！　おもしろいよ！　やめてくれ〜！」
ワタル「自分で何やってんねん！　そんなんおもしろいわけないやろ」
オカン「やってもみてないのにわからへんやろ！　やってみなさい！　やってもないのにそんなん言うたらあかん。考えたらあかんで、すぐやりなさい。はい、せーの！」
ワタル「セルフコチョコチョコチョコチョ……全然おもしろないわ！」
オカン「それは自分で決めてるだけや。おもしろいと思えば、おもしろい。おもしろくないと思えば、おもしろくない。当たり前やろ、どんなこともおもしろがりなさい」

正直に言って、セルフコチョコチョやってみても、まったくおもしろくありませんでした。でも、**自分で自分を喜ばすことや、どんなことがあってもおもしろがる大切さが少しわかった**気がします。

悩んだりしたときに、誰も見ていないところで、こっそりセルフコチョコチョをやってみる自分を想像してみると、少しおかしくもありました。

自分で自分を喜ばせる。それも、悪くないかもしれないと感じた電車の帰り道でした。

「セルフコチョコチョ」でもなんでもして、自分を喜ばせよう

勇気が出ないとき、悩んでいるときは鬼がついている

ネタ見せの授業で、僕は全然ネタ見せをしていませんでした。

なぜか「自分がいちばんおもしろい」という謎の自信があり、先生に見せなくてもそのうち売れるだろう、という根拠のない思い込みもありました。

その一方で、みんなの前でネタを披露するのが恥ずかしい気持ちもあり、もしおもしろくないと思われたらどうしようという不安もありました。

毎回ホワイトボードに同期の芸人たちが次々と名前を記入していくのを見ながら、僕はいつも名前を書かずにいました。

そんな僕の姿を見て、オカンが言ってきました。

「**あんた鬼がついてるで**」

意味がわからず「鬼？　どこについてるねん！」と聞き返すと、オカンは真剣な顔で

「鬼がついてる、鬼がついてる、行け、行け、早く行け〜！　早く行くんだ〜！」と大声で叫び始めました。

僕はオカンの「行け〜！」という声の勢いに圧倒され、気づいたらホワイトボードに向かって走っていき「ワタル with オカン」とコンビ名を記入してしまいました。

オカンの声があまりにも大きいので、まわりの芸人たちは全員こっちを見ていて、とても恥ずかしい気持ちになりましたが、自分の席に戻って、鬼について確認しました。

ワタル「オカン、鬼がついてるってどういう意味やねん」

オカン「あんた、ネタ見せの授業のとき、いつも書きに行かへんやろ？　何のためにＮＳＣに来てるんや。行動できへんってことは、鬼がついてるってことや！」

ワタル「どういうこと？」

オカン「**人生は鬼ごっこやねん。**迷ったり、考えすぎたりして動けなくなることがあったら、まずは動くんや！　じゃないと鬼がやってきて、自分が鬼になってしまうんやで。だから、まずは動くことが大事やで！」

ワタル「逃げるってことか？」

オカン「違う！　逃げるんやない、動くんや！　それも楽しみながら動くんやで！

子どもたちは、鬼ごっこを楽しみながらやってるやろ？　あの気持ちを忘れたらあかん。**迷っている暇があったら、楽しく動き出すんや。**それが人生の鬼ごっこなんやで！」


緊張と期待が入り混じったまま、ついに人生初のネタ見せの番がやってきました。

僕の初めてのネタは、オカンとのＮＳＣでの帰りの電車でのやり取りをテーマにした漫才でした。タイトルは「セルフコチョコチョ」。普段、僕が無表情でいることに対して、オカンが「もっと笑いなさい」と言ってくるやり取りをそのままネタにしました。

実際の会話をそのまま再現し、僕がぎこちなく自分をくすぐりながら「全然おもしろないわ」と真剣に言った瞬間、笑いが一気に広がりました。オカンの「おもしろがりなさい！」という台詞が繰り返されるたびに、同期の笑い声が大きくなります。

最後にはオカンが「これで笑わへんのやったら、必殺技するで！」と叫びながら迫ってくるので、僕が「やめてやめて！」と言うと、オカンが「やめさせてもらうわ！」と突っ込んで終わるというオチでした。

ネタ見せが終わった瞬間、僕はホッとしました。またそれ以上に、オカンとのやり取りを自分なりに笑いに変えられたという達成感がありました。

初めてのネタ見せは、恥ずかしさも緊張もありましたが、それ以上に、自分の中で何かが大きく動き出した瞬間でもありました。**オカンが言っていた「まずは動くこと」の大切さを実感したのです。**

あなたもこれから、悩んだり、迷ったり、考えすぎたりすることがあるかもしれません。そんなときは鬼がついてるかもしれませんよ。

人生は鬼ごっこ。動けないときは鬼がついていないか確認してみて

飴じゃない、愛を配ろう

僕が通っていたころのNSCには、20歳前後の若い芸人が多く集まっていました。

しかし僕は、彼ら全員をライバルだと思っていたので、誰とも話すことはなく、話しかけられても無視をしていました。挨拶すらしなかったため、きっと僕のことをよく思っていない同期も多かったはずです。

競争意識が強く、全員を敵視していた僕は、周囲と打ち解けもせず、むしろ自分から距離を置いて孤立していきました。まわりが楽しそうに話していたり、ネタの意見を交換し合っていたりするのを横目で見ながら、自分が正しいと思い込んでいたのです。

一方、オカンは誰とでも気さくに話し、挨拶も丁寧にしていました。

年齢差やライバル意識もまったくないようで、まわりの若い芸人たちともすぐに仲良くなっていました。大阪のおばちゃんの典型とも言える「飴ちゃん」を持ち歩いて、毎回一人一人に飴を配るので、まわりからも自然に受け入れられていました。

そんなオカンの振る舞いを見るたびに、僕はどうしようもなくイライラしていました。芸人仲間と楽しそうに話をしながら飴を配るオカンの姿が、まるで僕の行動を否定しているように感じたからです。

僕は彼らをライバルだと見ているのに、オカンはそんなことをまったく気にせず、むしろ彼らと打ち解けていく。僕が必死に距離を置こうとしている相手と、オカンは何の抵抗もなく笑顔で接している。そんな現実に、どうしても腹が立ちました。

ある日、ついに我慢できなくなり、僕はオカンに強い口調で言ってしまいました。「オカン、全員ライバルなんやから、仲良くしてたらあかんで！　飴なんか配らんでいいねん！」と、ほとんど怒鳴るようにして言いました。

しかし、オカンは僕の言葉にも動じず、にこやかに「**ワタル、オカンは飴を配ってるんやない。愛を配っているんや！**」と返してきました。僕はますますイライラして「なんやそれ、全然おもんないねん」と冷たく返しました。オカンの言葉は単なるボケだと思っていましたし、冗談にしか聞こえなかったのです。

でも、時間が経つにつれて、オカンの言葉の意味が少しずつわかるようになりました。オカンが言う「飴を配る」という行動は、ただの物のやり取りではなく、本当に「愛を配っている」行為だったのだと気づき始めたのです。

飴を渡すことは、相手への小さな気遣いや愛情の表現でしょう。挨拶や会話も同じで、オカンは一人一人に対し、心からの愛を持って接していたのだと理解しました。実際、オカンから飴をもらった人たちは自然と笑顔になり、仲良くなっていきました。

でも、そんなことはわかっても、僕は納得できませんでした。頭では理解していても、心がそれを受け入れられなかったのです。

彼らをライバルだと見ている自分を、どうしても変えられませんでした。まわりと打ち解けることに対する抵抗感が強すぎて、自分から歩み寄ることができなかったのです。

オカンのように、愛を配ってまわりと仲良くなれれば、きっと楽になるだろうと考える自分がいる一方で、それを実行する勇気が出ない自分もいました。僕は、人との距離を詰めることが苦手で、競争やライバル意識が、常に心に引っかかっていたのです。

どこか「仲良くする」ということが、自分の弱さや負けを認めるように感じられて、どうしても素直にできませんでした。変わりたいと思っているのに、変わることができない。その葛藤がずっと僕の中で続いていました。

オカンは、いつもニコニコして人と接していましたが、僕はそれを真似することができませんでした。**オカンの言葉を聞いても、どこかでそれを素直に受け入れられない自分がいて、そんな自分に対してもイライラしていたのです。**

結局、オカンのように自分を変えることは簡単ではありませんでした。愛を配っていくという考え方は理解できても、まだそれを受け入れる準備ができていなかったのかもしれません。

愛を配ることに、勝ち負けは関係ない

「大好き」を口にすると素敵なことが起きる

オカンが、NSCで会う芸人たちに飴を配り続けて仲良くなっていく一方、対照的に僕は、相変わらず誰とも関わらないようにしていました。

最初は、同期の芸人たちとオカンが楽しそうに話しているのを見ると、ただイライラしていただけだった感情が、次第に羨ましさや悔しさに変わっていきました。

自分にはできないことを、オカンは自然にやってのけている……。

そんな現実に、心の中で何かがくすぶるような気持ちになっていたのです。

ある日、その様子を見ていたオカンが、僕に言いました。

「あんたも、もっとほかのお友だちと仲良くしなさい。自分から話しかけんと仲良くならへんで。飴ちゃん、わけてあげるわ」

いつも通りの調子で、オカンは僕に飴を差し出してきました。
「飴いらんわ！」と反射的に言い返すと、オカンは真剣にこう続けました。
「自分から『大好き』って言って、仲良くなりなさい。『大好き』って言ってると、いいことがたくさん起きるから」
ました。

僕は投げやりに「そんなんでいいこと起きるんやったら、言いまくったるわ」と返しました。

するとオカンは、ニコニコしながら「ほな、言ってみよう！　せーの！」と合図を出してきました。

「言わへん、言わへん」と僕が拒否しているのに、オカンは元気よく「大好き！」と一人で叫んでいました。

そもそも「大好き」なんて、僕にはそんな簡単に言える言葉ではなかったのです。

頭の中で「大好き」と思うことは、意識さえすればすぐにできるのに、言葉に出すとなると途端に難しく感じました。

「大好き」とは、いったい何なのだろうか？

自分が本当に「大好き」と思えるものは何なのか？
そんな疑問が心に浮かびました。

その一方、言葉に出さなくても、「大好き」と心の中で思うだけで、少しだけ心が温かくなるのを感じました。たとえば、自分の興味があることを思い浮かべてみると、それだけで少し幸せな気持ちになりますよね。

けれど、人に対してとなると、話は別。誰かを「大好き」と思うには、その人をよく知っていなければいけませんし、自然とそう思えるようにならないと難しいでしょう。

ですから、オカンが言うように、無理やり「大好き」と思うのは、僕には続けられそうになかったのですが、オカンの言葉は心に残りました。

「大好き」と言葉に出すことや、心の中でそう思うことは、相手にも自分にもよい影響を与えるのかもしれない……。オカンの「愛を配る」という行動は、きっとその一つの形だったのだと思います。

オカンにとって「大好き」と言うことは、誰とでも自然に仲良くなるための魔法の言葉のように感じました。

当時の僕は、人に対して「大好き」と思うことが、簡単にはできませんでした。

ただ、オカンの「『大好き』を言うと、いいことが起きる」という言葉は、少しずつ理解できるようになっていきました。**相手を「大好き」と思うことで、少しだけ他人にもやさしくなれるのです。**

いつか自然に、誰かに「大好き」と言えるようになったとき、あなたにもきっとたくさんいいことが起きると思っています。

せーの、大好き！

普段から誰かを「大好き」と思い、言えていますか？

他人への悪口は「ありがとう」でキャンセル

僕は少しずつ、オカンに引っ張られるようにして、同期と一緒にご飯を食べに行くようになりました。

食事の席では、同期たちが将来の夢を語ったり、すべらない話を披露したりすることもありましたが、僕はそんな彼らの話を冷たい目で見ていました。

内心では「お前なんか売れるわけないやろ！」とか「すべりまくりやん！　おもんない！」と思っていて、にらみつけるように同期の話を聞いていたのです。

どうしても、同期の芸人たちの話を純粋に楽しむことができず、常に批判的な目で見てしまいます。もちろん、表面上は黙って聞いていたつもりでした。

しかし、あまりにも心から思っていたため「おもんない、おもんない」という言葉が、いつの間にか口からもれていたらしく、オカンに軽く腕を叩かれました。

食事の帰り道、オカンは僕に言いました。

「あんた、悪口モンスターに悪口を言わされてるやん」

ワタル「なんやねん、それ。悪口モンスターって」
オカン「悪口モンスターは、あんたの中に住んでるんやで。あんたは何も悪くない、ただ悪口モンスターが言わそうとしてるだけやから、気にせんでええ」
ワタル「何も気にしてへんわ！」
オカン「ありがとう！」
ワタル「何がありがとうやねん」
オカン「**悪口を言いそうになったら、代わりに『ありがとう！』って言いなさい**。そうすることで、運が戻ってくるんやで！」
ワタル「なんで感謝せなあかんねん」
オカン「悪口を言ってたら、自分の運がどんどん下がっていくんや。感謝の気持ちを持てば、その運が戻ってくるんやで！」

翌日、同期と会ったときも、やはり僕の心には「おもんない」という悪口が浮かんできました。

しかし、次の瞬間、オカンの言葉を思い出し、「ありがとう」と心の中でつぶやいてみたのです。

すると、不思議なことに、それまで心に感じていた重たいモヤモヤが、少しずつ消えていくのがわかりました。悪口を言いたい気持ちも徐々に薄れていき、なんとなく気分が軽くなっていったのです。

「ほんまに効くんか?」と驚きつつも、その後も試してみました。

しかしその後も、**悪口が頭をよぎるたびに「ありがとう」と心の中でつぶやくと、まるで悪口モンスターが小さくなっていくかのような感覚が広がった**のです。

これまで、口からつい漏れていた「おもんない」が少しずつ減っていきました。気づけば、悪口を口にすること自体が、以前より少なくなっていきました。

悪口を言うことは簡単です。

相手の欠点や失敗を見つけて、それを言葉にしてしまうのは、人間の性かもしれません。ですが、悪口を言うことで現状がよくなるわけではありません。

むしろ、悪口を言い続けることで、自分自身の気持ちがどんどん重くなり、いつしか自分の中にモヤモヤがたまっていきます。

その結果、僕は芸人として人を笑わせるためにＮＳＣに来たはずなのに、笑顔を作るどころか、悪口を作り続けてしまう芸人になりかけていました。

また一つ、オカンの教えに救われたのです。

悪口モンスターが出てきたときは「ありがとう」と言ってみよう

「口角を1ミリ上げたら1億円で億万長者や！」

なかなかネタが思いつかず、僕が自分の部屋でイライラしていたときの話です。頭の中でいくら考えても、おもしろいアイデアが浮かばず、気持ちがどんどん焦っていくばかり……。そんなとき、急にオカンが部屋にやってきて言いました。

「そんなイライラせんと、もっと笑いなさい！　笑ってたら、売れっ子芸人になれるで！　口角1ミリ上げたら億万長者や！　嘘やと思って笑ってみぃ！　ほら！」

そう言いながら、僕の頬を指で無理やり上げようとしてくるのです。僕がその手を払っても**「口角上げたら、運もどんどん上がっていくで〜」**と大笑いしていました。

僕は、その様子を横目で見ながら呆れていました。

しかし、オカンは自信満々に「口角上げるだけで億万長者！　オカンも今から億万長者になるで〜！」と、部屋の中を楽しそうに動き回っていました。

僕には「笑ったら負け」の呪縛があるので、簡単に笑顔を作ることができません。それでもオカンはあきらめず、変な動きを続けながらこう言ってきたのです。

「人生ってな、おもしろいから笑うんやなくて、笑うからおもしろくなるんやで」

オカンの「無理やりでも笑え」という圧がどんどん強くなっていきましたが、僕は「絶対に笑ってたまるか」と自分にスイッチを入れました。

そう固く決意した次の瞬間、オカンが笑いながら僕の顔に鏡を向けて「ほら、見てみ！　めっちゃ変顔になってるで」と言ってきたので、僕は鏡をのぞき込みました。

そこには、必死に笑いをこらえている自分の顔が映っていました。ぷくっと膨れた頬、引きつった目……まるで怒ったフグのような顔です。自分でも、その顔があまりにおかしく、気づいたら思わず吹き出してしまいました。

オカンは「ほら笑ったやろ！　これであんたも幸せの億万長者や！」と大笑い。「笑顔が増えれば幸せになれるんやで！　口角1ミリで、あんたも幸せの億万長者や！」と続けるオカン。僕はまんまと乗せられて悔しくなりましたが、気づけばオカンと一緒に笑い転げていました。数年ぶりに、心の底から笑ったのです。

それまで、僕はずっと「笑うことは負けだ」と思い込んで生きてきました。

何かにつけて感情を表に出さず、笑わないように努めてきましたが、このときオカンの言う「笑うからおもしろくなる」という言葉が、少しだけ理解できた気がしました。

笑うことで気持ちが軽くなり、心が少し楽になる。それに気づいた瞬間だったのです。

もし鏡が手元にあったら、口角を1ミリだけ上げてみてください。きっと、その小さな変化が、あなたを少しだけ幸せにしてくれるはずです。そして、オカンのように笑顔で過ごせば、あなたもきっと「幸せの億万長者」になれるかもしれません。

人生はおもしろいから笑うのではなく、笑うからおもしろくなる

第2章

すべてが自分になっていく「ワタルちゃん理論」とは何か？

初舞台でネタを飛ばした超特大の挫折

初めてお客さんの前で漫才を披露することになった日、僕は自信満々で挑みました。持っていったネタは「花」という自信のあるネタでした。

内容は、友だちの誕生日に何を持っていったら喜ばれるかをオカンに相談すると、オカンが「花を持っていきなさい」と言い、さらに「オカンが花の種になるわ！」と宣言。そこから、花の種になったオカンを育てるという展開です。

僕たちの独特な掛け合いが特徴のネタでした。

初めてお客さんの前に立つにもかかわらず、舞台袖での僕は不思議と緊張していませんでした。**まだ若かった僕は「絶対ウケる」という、根拠のない圧倒的自信だけがあったのです。**

僕たちの出番が近づき、いよいよ舞台に出ていく瞬間も、自信が揺らぐことはなく、舞台に出ていきました。

舞台に上がり、センターマイクの前まで歩いている間、会場のお客さんから拍手を送られ、センターマイクの前に立ち、僕は元気よく第一声を発しました。

「はい、どうもワタル with オカンです！」

そして「オカン、はよはよ」と言って、わざとオカンが遅れて登場してくるというツカミで、会場をツカんだ後、オカンが「はーい、オカンです」と元気よく言う。

次は、自分が話す番。その瞬間でした。

突然、すべてのセリフが頭から飛び、真っ白になったのです。何を言うべきか、何をやろうとしていたのか、まったく思い出せなくなりました。

お客さんの無表情で刺すよう視線が、まるで鋭い矢のように僕の心に突き刺さってきます。その場の空気がどんどん重くなり、焦れば焦るほど、頭の中はさらに真っ白に。

横にいたオカンの顔を見ても、何をすればいいのかまったくわかりませんでした。舞台袖で見ているライバルの芸人たちが、僕がネタを飛ばしたことで喜んで、笑い声が聞こえてくるように感じました。

結局、漫才は途中で止めて、僕は無言のまま舞台から降りました。

楽屋に戻ると、悔しさと自分への苛立ちでいっぱいになり、着ていたスーツのジャケットを投げ捨て、床に置いてあったペットボトルを蹴り飛ばしてしまいました。

そんな僕を見ていたオカンが、強い口調で言ってきました。

「ワタル、モノに当たったらあかん！」

僕はそれに対して何も返しませんでしたが、オカンは続けてこう言いました。

「あんた、緊張してネタが飛んだかもしれへんけど、オカンは緊張せえへんねん。なんでかわかるか？」

僕は無言のまま聞いていると、オカンは真剣な表情で言いました。

「**オカンは、すべてをオカンやと思ってんねん**」

すべてをオカンやと思う？

オカンの言っている意味がわかりませんでしたが、オカンはさらに言葉を続けます。

「会場のお客さんもオカン、センターマイクもオカン、舞台もオカン、もっと言ったら、あんたもオカンやで！　すべてを自分やと思って生きてみなさい」

すべてを自分だと思って生きてみる？

そんな抽象的で突飛なことを言われても、そのときの僕にはそれを受け入れる余裕はありませんでした。失敗のショックと恥ずかしさ、何よりも自分への失望が大きすぎて、オカンの言葉をどう受け取ればいいのかまったくわからなかったのです。

ただ、頭の中で「ネタが飛んだ自分はもうダメだ」という自己否定の感情がどんどん大きくなっていくばかり……。初舞台で頭が真っ白になったことがキッカケとなり、自分の自信は完全になくなってしまい、ネタも作れなくなっていきました。

すべてを自分だと思って生きてみる。まあいきなりは無理か（笑）

「ワタルちゃん理論」で最大の挫折を乗り越えた！

初舞台での失敗をきっかけに、僕の自信は完全に崩れてしまいました。

あれほど「絶対ウケる」と思っていた自信は、舞台から降りた瞬間に跡形もなく消え去り、この失敗がきっかけで、僕の芸人人生は大きな壁にぶつかったのです。

それ以来、ネタ作りにも手がつかなくなり、どんなアイデアも「どうせウケない」と自分で否定してしまうようになっていきました。自信を失った僕は、ネタを作ることも、人前で笑いを取ることも怖くなってしまいました。

ある日、自分の才能の限界を感じていた僕は、悶々とした気持ちで昼ご飯を買いにスーパーに行きました。

スーパーの駐輪場に着くと、ふとオカンが言っていた言葉を思い出しました。

「すべてを自分やと思って生きてみなさい」

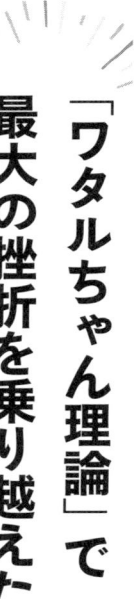

その言葉が唐突に脳裏に浮かび、一度「すべてを自分やと思って生きてみる」を試してみようと思いました。オカンの言う通り、目に見えるすべてのものを「自分」として見てみることにしたのです。

試してみると、思いのほかすぐに不思議な感覚が広がりました。スーパーの中に入ると、まるで世界が一変したかのように、目の前に広がる景色が変わって見えました。「なんじゃこりゃ！　自分しかいないやん！」と心の中で叫びました。

目に映るものすべてが「自分」だと思うと、すべてが一つに感じられるようになりました。ずっと他人と比べてばかりいた自分にとって、この感覚は新鮮で、まるで大きな霧が晴れたようでした。

まずは果物コーナーに足を運びました。そこに並んでいるリンゴやバナナは、果物という姿をした「ワタルちゃん」でした。形は違えど、すべてが僕自身なのです。

次に野菜コーナーに行くと、野菜たちが並んでいます。キャベツやトマトもまた、ワタルちゃんたちです。まわりを見渡すと、お客さんという姿をしたワタルちゃんが、食材というワタルちゃんたちを選んでいます。

僕はそのままお弁当コーナーへ行き、何を食べようかと考えました。そこにはいくつものお弁当が並んでいて、それぞれが「お弁当という姿をしたワタルちゃん」でした。いちばん食べたいワタルちゃんを選び「カゴという姿をしたワタルちゃん」に入れます。レジに向かうと「レジの店員さんという姿をしたワタルちゃん」にお会計をしてもらい、僕は「お金という姿をしたワタルちゃん」を渡しました。

なんだかバカげているように聞こえるかもしれませんが、すべてを自分と感じると、不思議なほどに心が軽くなり、世界が柔らかく、やさしくなった気がしました。

その後、自転車に乗って帰りますが、もちろん自転車も「自転車という姿をしたワタルちゃん」。自転車を漕ぎながら「風という姿をしたワタルちゃん」を感じると、どこか不思議な気持ちで笑ってしまいました。

家に到着すると、家もまた「家という姿をしたワタルちゃん」です。さらに「お弁当という姿をしたワタルちゃん」を一口食べると、その味わいが心に染み渡り、思わず涙がこぼれてしまいました。

「この世界はワタルちゃんだらけやん……」

すべてを自分と捉えた瞬間、何もかもが愛おしく感じられ、まるで世界全体が自分を包み込んでくれているような感覚が押し寄せてきたのです。

オカンが言っていた「すべてを自分やと思って生きてみなさい」という言葉が、少しだけ理解できた気がしました。**すべてが自分であるならば、誰かと比べたり、誰かを否定したりする必要もなく、ただその存在を愛おしむだけでいい。**

そう感じた瞬間、世界が一つにつながったように思えました。

僕は、このことをすべてが自分なので「自分理論」、すべてがワタルちゃんなので「ワタルちゃん理論」と呼ぶことにしました。目に映るものすべてが自分だと思えば、比べる必要がなくなり、すべてを受け入れることができるようになるのです。

あなたなりの「自分理論」で、世界を一つにしてみよう

すべてにおいて「両想いという生き方」につながる

ワタルちゃん理論を実践しながら生きてみると、僕の見ていた世界が大きく変わりました。オカンの言葉をきっかけに「すべてを自分だと思って生きる」という視点を持つようになったことで、今まで抱えていた不安や迷いが少しずつ消えていきました。

この二元論、つまり「自分と他人」という分け方をしてきた世界から、一元論、すべてが一つだと感じられる世界になりました。その結果、まわりのことを気にしてイライラしていた毎日が、まったく違うものに変わっていきました。

以前の僕は、常に他人の目を気にし、自分とまわりを比べてばかりいました。芸人としてのライバル意識も強く、他人が何をしているかにばかり注意を払い、少しでも優位に立とうと焦っていました。

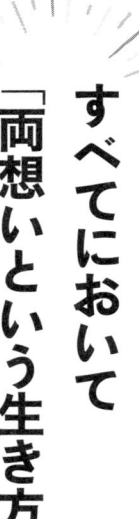

しかし、ワタルちゃん理論を実践することで「すべてを自分だと思う」視点が自然に定着し、他人と比べるということがなくなりました。

すると、他人軸で生きるのではなく、自分軸で物事を考えられるようになり、まわりに振り回されずに、自然体でいられるようになったのです。

この視点の変化によって、どんな出来事も、出会う人も、自分の一部として感じられ、その結果、すべての存在から好かれているような感覚が広がっていったのです。

そうやって生きていると、以前のように他人と競争する必要もなくなり、心が楽になっていきました。

ふと思えば、僕たち人間は、もともと一つの存在から生まれ、すべてがつながっているはずです。しかし、僕たちは「自分」と「他人」という二元論の世界で生き続け、相手と自分を分けてしまっています。

それが、あたかも片想いで生きているかのように感じさせて、自分自身を苦しめているのではないかと気づきました。実際には、世界はもともとすべてが両想いであるはずなのに、僕たちが自分で片想いだと思い込んで生きているだけなのかもしれません。

「相手を相手だと思わずに、自分だと思って生きる」

この考え方を実践することで、他人との関わり方が自然と変わっていきました。すべてを自分だと思うことで、他人にやさしく接することができるのです。

しかも、それは「人のために」やっているわけではなく、あくまで自分のために生きている結果です。

ただおもしろいことに、まわりから見ると、それが「相手を想っている行動」として映るようです。**自分を大切にし、自分自身を満たして生きることが、結果的に他人のためにもなります。**

他人を優先して行動することが、必ずしも偽りではないとしても、自分自身が満たされていない状態で「人のために」と行動するのは、自分を偽る行為かもしれません。自分を犠牲にしてまで他人を優先することが、真の意味での善行とは言えません。

しかし「自分のために生きる」ということは、決して自分勝手に生きるという意味ではありません。相手もまた自分だと思って生きることで、自然に相手にもやさしく、自分にもやさしく接することができるようになるのです。

自分理論（ワタルちゃん理論）は、単なる自己中心的な考えではなく、世界と一体化し、すべてを愛おしく想える生き方です。

僕はこの理論を通じて、自分自身を大切にすることが、結果的に他人を大切にすることにつながるのだと感じました。あなたも、すべてが一つであり、すべてがつながっていると信じることで、心の中の不安や迷いが少しずつ消えていくでしょう。

自分のために生きよう。
それが他人のためにもなる

「もともと敵なんかいない」と気づく

「無敵」という言葉は、一般的には「誰よりも強くて、敵がいない」という意味で使われます。強さを極め、すべての敵を倒した者が「無敵」だとされることが多いです。

しかし、ワタルちゃん理論を実践していくうちに、この言葉の持つ意味が僕の中で大きく変わっていきました。

ワタルちゃん理論とは、すべてを自分だと考える生き方です。目に見えるものや、出会う人、経験する出来事すべてが「自分」であるという視点で世界を捉えると、他人や物事と自分との間に壁がなくなり、すべてが一体化している感覚が生まれます。

この視点で生きると、他人と自分を比較したり、競争したりする必要がなくなり、さらに「敵」という存在も自然と消えていきます。

なぜなら「すべてが自分」だと思えば、他者も含めて世界中のすべてが自分の一部になるからです。そうなると、敵という概念が成立しなくなります。

敵というのは、普通は自分に対して、反対や妨害をしてくる存在だと思われています。しかし、ワタルちゃん理論では、その敵さえも自分の一部と捉えるため、敵と呼ぶものは存在しなくなります。

つまり、最初から敵なんていない。すべてが自分であり、すべてが一つなのです。だからこそ、僕の中で「無敵」という言葉の意味は、従来の「誰よりも強くて、敵がいない」というものから、「もともと敵なんかいない」という意味に変わりました。

本当の意味で無敵な人とは、外部に敵を見つけるのではなく、そもそも敵という概念自体が存在しないと気づけた人ではないでしょうか。

僕は、自分と他人を区別せず、すべてを自分の一部として捉えることができたとき、人は無敵になるのだと感じました。

かつての僕は、常に他人と競争し、ライバルを意識して生きていました。芸人としても、まわりの同期を「敵」として見なし、誰よりもうまくなろうと必死でした。

しかし、ワタルちゃん理論を実践することで、他人と比べることや競争すること自体が無意味に感じられるようになりました。

すべてが自分なら、そもそも敵がいるわけがありません。他人を打ち負かす必要もなく、ただ自分自身を受け入れ、まわりの存在も同じように受け入れれば、それでいいのです。

ワタルちゃん理論を通じて、僕は「無敵」を感じながら生きることができるようになりました。

誰かと戦って勝つための強さを求めるのではなく、最初から敵なんていないことに気づくことで、本当の平和と安心感が得られます。

まわりの人々も、自然やモノも、自分の一部として感じられるようになり、そこには敵意や競争心が存在しなくなりました。

他人のために生きようとすると、自己犠牲や偽りが生まれることがあります。

しかし、すべてが自分であると感じれば、他人のために行動すること自体が、自分のためでもあるのです。

だからこそ、他人と対立する必要もなく、敵を作ることもなく、自然にやさしさや思いやりが生まれてきます。

ワタルちゃん理論を実践し、無敵を感じながら生きること。それは、自分と他人を一つの存在として受け入れ、すべてを大切にする生き方です。

この世界には、もともと敵なんていないことに気づけば、僕たちも無敵になれます。あなたも一度、自分がすべてだと感じてみてください。

「無敵の生き方」とは強さではなく、やさしさで実現する

人にやさしくなれることで自分も笑顔になる

以前の僕は、電車に乗っていても、お年寄りが乗ってきたときに席を譲ることはありませんでした。むしろ、座席に座っていて、お年寄りが電車に乗ってきたとわかった瞬間、寝たふりをして、見ていないふりをしてしまうことがほとんどでした。

譲るべきだという気持ちが頭の片隅にあっても、心の中では「自分も疲れている」「このまま座っていたい」と思ってしまい、結局、行動に移していなかったのです。

でも、ワタルちゃん理論を実践していくと、そうした自分の態度が自然と変わっていきました。この理論では、すべてを「自分」として捉えます。目の前にいる人も、すれ違う人も、電車の中の乗客も、すべてが「自分」の姿をしていると考えるのです。

ワタルちゃん理論を実践することで、他人との区別や壁が消え、まわりの人々に対する見方が大きく変わっていきました。

ある日、いつものように電車に乗っていると、お年寄りの方が乗ってきました。以前の僕なら、すぐに寝たふりをして気づかないふりをしていたでしょう。

しかし、その日は違いました。ワタルちゃん理論を思い出し「お年寄りという姿をしたワタルちゃんが乗ってきた」というふうに捉えたのです。

すると、今までとはまったく違う感覚が生まれてきました。**そのお年寄りは、他人ではなく、自分自身が別の形をして現れたもの。そう感じた瞬間、席を譲ることが自然な行動として頭に浮かびました。**

席を譲ることに対して、特別な「いいことをしている」という意識はありませんでした。ただ「お年寄りの姿をした自分が乗ってきたのだから、どうすれば喜んでくれるだろう?」という考え方が自然に湧いてきたのです。

実際に席を譲ってみると、お年寄りの方が笑顔で「ありがとう」と言ってくれました。その笑顔を見て、譲った僕自身も笑顔になりました。

以前なら「他人のために何かをしている」感覚で「自分が譲ってあげた」と感じていたかもしれませんが、今はそうではなく「自分が自分に席を譲った」と感じたのです。

だからこそ、自然にお互いが笑顔になるという不思議な感覚が生まれました。

ワタルちゃん理論を実践していると、まわりの人に対する見方が根本から変わります。誰かに何かをしてあげるという意識ではなく、目の前にいる人が自分の一部だと考えることで「相手に喜んでもらうこと」が「自分を喜ばせること」につながるのです。

だからこそ、他人に対してやさしくなれて、自然と助け合う行動ができるようになります。これは、単なる自己犠牲や義務感からくるものではなく、自分の一部である相手を大切にしたいという気持ちから生まれる行動なのです。

ワタルちゃん理論の素晴らしいところは、こうした行動が自然にできるようになること。**以前は、いちいち「譲るか否か」と悩んでいたのに、今はそうした迷いがなく、ただ自然に「どうすれば相手（自分）が喜ぶだろう?」と考えるようになっています。**

それは決して、自分を犠牲にすることではなく、自分自身を満たす行為であり、その結果として相手も喜ぶという素晴らしい循環が生まれます。

この感覚を通じて、僕は「他人を喜ばせること」と「自分を喜ばせること」が本質的に同じであることに気づきました。

そうなると、相手を思いやり、やさしく接することが、自分にとっても心地よいことになります。**ワタルちゃん理論を実践して生きていると、この世界のすべてが自分自身であり、そのすべてから好かれている感覚が広がっていきます。**

今では、電車でお年寄りが乗ってきたとき、自然と席を譲れる自分がいます。そして、席を譲った相手の笑顔を見て、自分も幸せな気持ちになります。

これが、ワタルちゃん理論の力なのだと実感しています。

すべてを自分だと思い、すべてとつながりながら生きることで、他人とともに喜びを分かち合い、心から笑顔になれる日々が訪れるのです。

他人が喜べば自分も喜ぶ。
それが「自分理論」

「不毛な競争」をしていませんか？

ワタルちゃん理論を実践しはじめたことで、僕が変わったことの一つに、不毛な競争をしなくなったことがあげられます。

かつての僕は、エレベーターに乗っているとき、誰かが後から乗ろうとしている姿が見えても「閉」ボタンを連打し、ドアを閉めることがよくありました。自分だけで乗っているほうが快適だと思い、ほかの人を待つのを煩わしく感じていたのです。

それどころか、乗ろうとした人がエレベーターに乗れずに、ドアが閉まった瞬間、内心「勝った！」という優越感に浸っていました。エレベーターの中で一人きりになると、なんとなく「自分のペースで進めた」という自己満足感が湧いていたのです。

しかし、ワタルちゃん理論を実践していくうちに、このような「不毛な競争」をしていた自分の行動に少しずつ変化が現れました。

この理論では、すべてを「自分」として捉えます。

つまり、エレベーターに乗ろうとした人も、自分自身の別の姿だと考えるのです。

そうすると、次第に他人と自分を区別することがなくなり、他人のために「開」ボタンを押すことも、自分のために押していることと同じように感じられました。

ある日、いつものようにエレベーターに乗り込み、ドアが閉まりかけたとき、年配の女性が乗ろうとしているのが見えました。以前の僕なら、迷うことなく「閉」ボタンを連打し、ドアを閉めてしまっていたでしょう。

しかし、その日はふとワタルちゃん理論を思い出し「この人も自分なんだ」と考えて、自然に「開」ボタンを押していました。

乗り込んできたのは、年配の女性はにっこりと微笑んで「ありがとうございます」と言ってくれました。その瞬間、なんとも言えない温かい気持ちが心に広がりました。

「いいことをした」という自己満足ではなく、もちろん「勝った！」という優越感でもなく、他人と自分が一体であるという安心感が心の中に生まれたのです。

その後も、エレベーターに乗っているとき、ほかの人が乗ってこようとすると、自然に「開」ボタンを押すようになりました。もう「閉」ボタンの連打はしません。
また、エレベーターから降りる人がいるときも、自然と「どうぞ、どうぞ」と言って譲ることができるようになりました。すべての人を自分だと思うと、他人の動きに合わせることが苦にならなくなり、むしろ心地よいものに感じるようになったのです。

以前の僕は、他人を「敵」や「ライバル」として捉えていた部分があり、常に自分が優位に立とうとする気持ちが働いていました。**しかし、すべてを自分だと考えることで、他人を競争相手として見る必要がなくなり、心に余裕が生まれました。**

さらに、自分のために自然にすることですから、わざわざ「よいことをしてあげよう」「親切にしよう」と考える必要もなくなりました。すべて自分を大切にすることと同じであり、だからこそ自然にできるのです。

自分が満たされているからこそ、他人にもやさしくできるということの考えは、シンプルですが、実践すると心が軽くなり、生きやすくなっていくことに気づきました。

エレベーターの「閉」ボタンを連打していたころの僕は、無意識のうちに他人と競争していました。「自分が優位に立ちたい」「自分だけの空間を確保したい」という気持ちが強かったのです。

しかし、今では、エレベーターに乗るときも、心に余裕を持って、ほかの人と同じ空間を共有することが、心地よく感じられるようになりました。**エレベーターの「開」ボタンを押すたびに、自分が少しずつやさしくなっていくのを感じます。**

そして、そのやさしさは自分だけでなく、まわりの人々にも広がっていくのです。

ワタルちゃん理論を実践して生きることで、他人との距離感が変わり、すべてを受け入れる心の余裕が生まれました。エレベーターの中で「どうぞ、どうぞ」と自然に言えるようになったとき、僕は自分が少しずつ変わってきたことを実感しました。

「競争」ではなく「共有」で、心地よくなろう

応援するから、応援される

以前の僕は、夢に向かってチャレンジしている人を応援することができませんでした。自分がその人ではないのに、なぜ他人の夢を応援しないといけないのか、まったく意味がわかりませんでした。

自分自身のことで手一杯で、他人を応援する余裕などありませんでしたし、むしろ、その人が成功したり、夢を叶えたりしたら、自分はその分だけ後れを取ったような気がして、悔しさや嫉妬心が強くなってしまいました。

正直なところ「その夢が叶わなければいいのに」とさえ思うことがあったのです。

とくに、同期の芸人たちが将来の夢や成功について語っているのを聞くと、心の中で「お前なんかうまくいくわけがない」「一生スベり続けろ」と毒づいていました。

そうした感情は、他人と自分を常に比較し、相手の成功が自分の失敗につながるのではないかという恐怖心や、劣等感から生まれていたのだと思います。

しかし、ワタルちゃん理論を実践し始めると、そんな僕の考え方や感情が少しずつ変わっていきました。すべてを自分自身の一部として捉えると、夢に向かってチャレンジしている人もまた、自分の一部だと考えることができるのです。

他人を「他人」として見ることがなくなり「夢に向かってがんばっているあの人も、自分自身なんだ」という考えが定着してくると、やがて「自分（の一部であるその人）ががんばっているなら、当然応援したい」という気持ちが生まれるようになったのです。

すると、同期の芸人たちに対する感情も大きく変わっていきました。

以前は、同期の誰かが成功することに対して、強い嫉妬心を抱き「自分が後れを取っている」「彼らに負けたくない」と競争心ばかりが先立っていました。

しかし、同期も自分の一部だと感じるようになると、彼らの成功が自分の失敗ではなく、むしろ自分自身の喜びとして感じられるようになりました。

他人の努力や挑戦を応援することが、自然にできるようになったのです。

さらに、その人が夢を叶えたときには、まるで自分の夢が叶ったかのように喜べるようになりました。なぜなら、その夢を叶えた人もまた、夢を叶えた姿をしたワタルちゃんだからです。彼らの成功は、自分の成功と同じだと感じられるようになったのです。

同期の芸人たちが舞台で成功を収めると、自分のことのように喜べるようになり「自分も彼らと一緒に進んでいるんだ」という感覚が生まれました。


ワタルちゃん理論を実践することによって、他人を応援することの意味や価値が大きく変わりました。応援するという行為は、他人のためにおこなっているのではなく、自分自身のためでもあるのです。

夢に向かって挑戦している姿をしたワタルちゃんが成功することは、自分自身が成功することと同じであり、その成功を応援することは、結局、自分自身を励ますことにもつながります。

この理論を通じて、他人の夢を応援することが、いかに素晴らしい行為であるかに気づきました。応援される側も喜びを感じますが、応援する側もまた、心が満たされ、自分自身も元気づけられます。

今では、夢に向かってがんばる人たちを見ると、自然と応援したくなります。それは他人のためではなく、自分の一部としてその人たちを感じるからです。

彼らが成功することは、自分自身の成功と同じです。

かつては応援するどころか、他人の夢が叶わなければいいとさえ思っていた自分が、今では誰かの夢が叶うことを共に喜べるようになったことに驚きを感じています。

ワタルちゃん理論を通じて、他人を応援することが自分を豊かにし、他人の成功が自分の成功と同じであるということに気づくことができました。

夢に向かってチャレンジするすべての人を、これからも応援し続けたいと思います。

それは、自分自身を応援することでもあるからです。

夢に向かって挑戦している人（自分）を応援し、成功を喜ぼう

自分への悪口は「成長するチャンス」でもある

生きていると、自分に対して悪口を言ってくる人に必ず出会います。

それまでの僕は、そうした人たちに対してひどくイライラし、時には悪口を言い返したり、怒りをぶつけたりしていました。自分が傷ついた分、相手に何かしらやり返さなければ気が済まないという感情があったのです。

悪口を言われるたびに、自分の中で怒りが膨らみ、そのイライラを無関係な人にまでぶつけてしまうこともあり、あとから自己嫌悪におちいることもよくありました。

でも、ワタルちゃん理論を実践するようになってから、悪口を言われても、その人に対して以前のように反応することが少なくなっていきました。

悪口を言ってくる人もまた「悪口を言ってくる姿をしたワタルちゃん」だと考えるよ

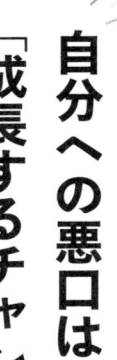

うになったのです。

すると心に余裕が生まれ、相手を違った視点で見られるようになりました。

たとえば、悪口を言ってくる人に対して「この人は今、何かイヤなことがあって、誰かにぶつけたくなっているのかもしれないな」と思えるようになったのです。

以前なら即座に言い返したり、反撃したりしていましたが、ワタルちゃん理論を実践している今では、相手の状況や感情を俯瞰的に見ることができるようになっています。

相手を「悪口を言ってくる姿をしたワタルちゃん」だと考えると、そんな相手もまた自分の一部であり、悪口を言うこと自体が、彼自身の苦しみや不満から来ているのかもしれないと思えるようになります。

その結果、以前のようにイライラしたり、攻撃的な気持ちになったりすることが少なくなり、冷静に相手を受け止めることができるようになりました。そうすることで、悪口に振り回されることが減り、感情的になることも少なくなりました。

また、悪口を言われると、僕自身も当然イヤな気持ちになります。それを「自分はこんな言葉をほかの人に言いたくない」と自然に思えるようにもなりました。

相手がどんなにひどいことを言ってきても、同じことをほかの人に言いたいとは思いません。その言葉がどれだけ相手を傷つけるかを、自分が体験してわかるからです。ワタルちゃん理論を通じて、悪口を言うことの無意味さと、他者に対してやさしく接することの大切さに気づかされました。

今では悪口を言う人でさえも、「自分自身が学ぶために存在している」と感じられるようになったのです。

だからこそ、よりよい人間になろうとするきっかけを与えてくれた彼らに対して「ありがとう」と思えるようになりました。

逆に、ステキな人に出会うと、その人の姿もまた「ステキなワタルちゃん」として捉えられるようになります。

これまでなら、ステキな人を見ても、どこかで嫉妬や劣等感を抱くことがありましたが、ワタルちゃん理論を実践することで、そうした感情も消えていきました。

今では、その人の素晴らしいところを素直に学び「このステキな考え方や生き方を自分も取り入れていきたい」と思えるようになりました。

こうして、どんな人と関わっても、すべてが自分への学びになるという考え方が根づいていきました。相手がどんなにイヤな態度を取っても、また逆にどんなに素晴らしい態度を取っても、すべてが自分にとって何かしらの教訓や気づきを与えてくれるものだと感じるようになったのです。

今では、すべての人から学び、感謝することができるようになりました。どんな人に出会っても、「この人は何を教えてくれるのだろう？」という視点で関わることができるようになっています。

ワタルちゃん理論は、他人との関係をよりよいものにし、すべての出会いを成長の機会として受け入れられるようになる考え方なのです。

どんな人と出会っても、自分の学びに変わっていく

晴れはうれしい、雨もうれしい

以前の僕は、晴れた日の太陽がまぶしすぎると、よくイライラしていました。まぶしい光が目に刺さり、なんとなく腹が立ってしまっていたのです。

でも、ワタルちゃん理論を実践し始めると、太陽に対する見方が変わりました。太陽もまた「太陽という姿をしたワタルちゃん」として捉えるようになったのです。そうすると、太陽がまぶしい日でも、以前のようにイライラすることはなくなりました。

むしろ、**太陽を見た瞬間に「今日もワタルちゃん輝いてる〜！」と心の中で微笑むようになった**のです。太陽は、ただまぶしい存在ではなく、元気いっぱいに輝いている自分自身の一部だと感じるようになりました。

晴れた日は空が明るく、自然と気分も上がります。太陽の光が世界を照らし、僕自身の心も明るくなります。

問題は雨の日です。雨の日は、天気がどんよりと暗く、ジメジメした空気に包まれます。傘を差さなければいけない煩わしさもあり、どこか気分が沈んでしまいがちです。以前の僕は、天気が悪い日だと、自然と気分も暗くなり、イライラしたり、面倒な気持ちになったりしていました。

しかし、ワタルちゃん理論を実践していくと、そんな見方も大きく変わりました。雨の日も、降ってくる雨の一粒一粒が「雨粒という姿をしたワタルちゃん」なのです。

空から無数のワタルちゃんが降り注いでいると考えると、ただの雨がとても愛おしい存在に変わりました。**雨粒が空から降ってくる光景を眺めていると「今日もワタルちゃんたち、活動的やな〜！」と思えるようになったのです。**

以前は、雨の日がイヤで仕方なかった僕が、今では雨を見て笑えるようになりました。雨粒はただの水ではなく、活発に空から降りてくるワタルちゃんたちです。それが地面にたどり着くまでの間、僕はその姿を楽しめるようになったのです。

さらに、雨の日には必ず傘を差しますが、ワタルちゃん理論で考えると、傘もまた「傘という姿をしたワタルちゃん」です。

傘を差しながら、雨粒というワタルちゃんが、傘というワタルちゃんにぶつかる光景を見ると、まるで二人のワタルちゃんが抱きしめ合っているように感じられます。「雨粒というワタルちゃんと、傘というワタルちゃんが今日も仲良くしてるなあ」と微笑みながら、その場面を楽しむことができるようになりました。傘を差しているだけで、心がほっこりするようになったのです。

この視点を持つことで、晴れた日も雨の日も、どちらの日でも気分を高めることができるようになりました。

晴れた日には、太陽が元気いっぱいに輝いているワタルちゃんだと思い、雨の日には、雨粒という姿をしたワタルちゃんたちが活動的に動いていると考えることで、どんな天気でも心が晴れやかになります。

天気に左右されず、どんな日も笑顔で過ごせるようになったのです。太陽も、雨も、すべてが自分自身であり、すべてが愛おしい存在です。

そう思うと、天気に対して不満を抱くことがなくなり、毎日が新しい発見と感謝の連続になりました。どんな天気でも毎日を明るい気持ちで過ごせるようになったのです。

ワタルちゃん理論は、ただの思考の変化ではなく、日常を豊かにし、自分自身を愛し、すべてに感謝する生き方を教えてくれました。

これからも、太陽の日には笑い、雨の日には微笑みながら、毎日を楽しんでいきたいと思います。

天気がどうであれ、すべてを自分の一部として感じることで、心はいつでも晴れやかでいることができるのです。

どんな天気でも愛しく感じる、
それが「自分《ワタルちゃん》理論」

月と星を見上げて「自分」を想う

夜空を見上げていると、ワタルちゃん理論の教えが、さらに深く感じられるようになりました。

夜空に広がる広大な空間も、宇宙も、すべてが自分自身の一部だと考えると、その無限の広がりが、自分の無限の可能性を象徴しているかのように感じます。

宇宙が今もなお広がり続けているという科学的な事実も、僕にとっては「自分自身が無限に成長し続けている」ことを意味しているように思えます。

この宇宙全体が自分自身だと捉えることで、自分にはまだまだ可能性が広がっているのだという希望と自信を感じます。

月を見ていると、その美しさにも心が惹かれます。

月は毎日少しずつ姿を変えていきますが、その満ち欠けも「月というを姿をしたワタルちゃん」として見ると、より素晴らしく思えるのです。

満月の日もあれば、三日月のように細くなる日もあります。どんな形であっても、月は常に美しく、その存在感を示してくれます。

これもまた、自分自身のいろいろな側面を表しているように感じます。

自分が完全に満たされていると感じるときもあれば、不完全に思えるときもありますが、どんな形の自分も美しく、価値があるものだと感じられるようになりました。

夜空に輝く無数の星々もまた、ワタルちゃん理論を通じて「自分の素敵な部分が輝いている」と感じることができるようになりました。星たちは遠くにあっても、しっかりとした輝きを放ち、夜空を美しく彩ります。

その姿を見ていると、自分の中にある輝かしい部分が、どんなに遠く感じる時でも確かに存在しているのだと、自然に自分を励ますことができるのです。

自分の内なる輝きや、可能性が輝き続けていると感じることで、日々の生活においても希望を持ち続けることができるようになりました。

さらに、夜空に一筋の流れ星と出会ったとき、その瞬間が特別に感じられます。流れ星が流れるのはほんの一瞬ですが、昔から「流れ星を見た瞬間に願いを言うと叶う」と言われています。

以前の僕は、流れ星を見たときも何も思わなかったですし、流れ星に願いを言っても叶うわけがないと思っていました。

でも、ワタルちゃん理論を実践している今では、流れ星を見た瞬間にこう思うようになりました。

「あ、ワタルちゃんや！」

流れ星もまた「流れ星という姿をしたワタルちゃん」なのです。

流れ星を見ると、自分の中でずっと抱いていた願いが、すでに叶っているような気持ちになります。なぜなら「すべてを自分だと思う」という願いが叶っているからです。

そして、流れ星が願いを叶えてくれるのではなく、実は自分自身がその願いを叶える力を持っていることに気づかせてくれます。

夜空に浮かぶ月も星も、そして流れ星も、すべてが自分の一部として感じられるようになった今、僕は夜空を見るたびに自分の可能性や成長を感じ、未来への希望を持つことができるようになりました。

夜空に浮かぶ星々が僕の中の輝きだとすれば、流れ星が流れる瞬間は、自分が未来に向かって進むための道標《みちしるべ》のようなものです。

どんな形であれ、夜空に輝くものすべてが自分自身の一部であり、その一つ一つが僕に何かを教えてくれていると感じます。

夜空を見ながら、自分の可能性を感じてみよう

第3章
「ワタルちゃん理論」を加速させて日常のすべてを輝かそう

服を大事に着て、丁寧に洗い、綺麗にたたむ

これまで、僕はファッションにこだわりがありませんでした。

服に対して特別な思いもなく「着られればそれでいい」という感覚で過ごしていました。あまり考えずに適当に選んでいたのです。

しかし、ワタルちゃん理論（自分理論）を実践するようになってから、服に対する見方が驚くほど変わりました。すべてを自分の一部として捉えるので、服も「服という姿をしたワタルちゃん」です。自然と服に対する扱い方が丁寧になりました。

服はただの「モノ」ではなく、自分の一部であり、日々僕と共に過ごしている大切な存在だと感じるようになりました。

たとえば、朝、服を着るとき、以前はただ機械的に服を身に着けていましたが、今ではその瞬間一つ一つを大切に味わいながらおこなうようになりました。

シャツを手に取ったとき、その手触りや布の感覚を感じ、心の中で「今日もよろしく、ワタルちゃん」とつぶやきながら丁寧に着ます。服を着る行為自体が、単なる日常の作業から、感覚を楽しむひとときに変わっていきました。

脱ぐときも同じです。ずっと一緒に過ごした服に対して「ありがとう」という感謝の気持ちを持ちながら、そっと脱いでいきます。以前は、疲れて帰宅したときには、服を無造作に放り投げてしまうこともありましたが、今はそんなことはしません。

服もまた、自分の大切な一部なので、乱暴に扱うことはなくなりました。

1日共に過ごした服たちを、今度は洗濯機というワタルちゃんに託します。洗濯機もただの家電ではなく「洗濯機という姿をしたワタルちゃん」です。洗濯機に服を入れる際、心の中で「今日もよろしく、ワタルちゃん」と感謝を込めて、服を清潔にしてもらうためにそっと入れます。

そして、洗濯機が服を綺麗にしてくれている間、その素晴らしさに感謝の気持ちが湧いてきます。洗濯機があってこそ、毎日、清潔な服を着られるのだと感じると、機械に対しても深い敬意が生まれます。

洗濯が終わった後は、太陽という姿をしたワタルちゃんの力を借りて服を乾かします。「太陽のワタルちゃん」が服を乾かしてくれる姿は、まるで服を抱きしめ、やさしく包み込んでくれているように感じます。

乾いた服を取り込み、次に待っているのは、服を丁寧にたたむ作業です。この作業も、以前ならただの面倒な家事としてやっていたのですが、今ではその一瞬一瞬が、とても丁寧で心地よい時間に変わりました。

シャツ、パンツ、ズボン、靴下など、すべてが自分なのです。布の感触や形を感じながらたたんでいると、まるで自分自身をケアしているかのように感じます。

こうして、日々の小さな行動一つ一つがとても大切なものになっていきました。

服を大切にするということは、単に服を長持ちさせるためではなく、自分自身を尊重し、日々の生活を丁寧に過ごすことにつながります。ワタルちゃん理論では、服も自分の一部なので、服を粗末に扱うことは、自分を粗末に扱うことと同じです。

逆に、服を丁寧に扱い、感謝の気持ちを持つことで、自分自身を大切にすることができ、心に余裕が生まれていきます。

この丁寧な扱い方が、服だけでなく、日常生活のあらゆる場面につながっていきます。何気ない日々の行動にも感謝や丁寧さを持つことで、毎日がより豊かで充実したものになります。

ワタルちゃん理論を通じて、僕は服を大切にすることを学び、生活全体がより心地よく、感謝に満ちたものになりました。

これからも、服を大切にし、毎日の生活を丁寧に過ごしていきます。服という姿をしたワタルちゃんを大切にすることで、自分自身をより大切にし、感謝の気持ちを忘れずに生きていきたいです。

服に感謝をしながら着ると、あなたは感謝に包まれる

身のまわりの空間を整えるだけで運気が上がる

かつて僕の部屋は、かなり散らかっていました。

片付けるのが面倒で、服や小物が床に散乱していたり、必要ない書類が山積みになっていたりと、無秩序な状態が続いていました。それでも、部屋が汚れていることに違和感もなく「誰も見に来るわけじゃないし、まぁいいか」と思って放置していたのです。

しかし、ワタルちゃん理論を実践するようになってから、部屋に対する感じ方が根本的に変わりました。部屋そのものが「ワタルちゃん」という存在に見えてきたのです。

散らかった部屋は、散らかった自分自身を映し出しているようなものです。

そう思い始めると、急に部屋の汚れや乱れが気になり始めました。部屋が汚れていると、まるで自分の内面が乱れているように感じて、居心地が悪くなってきたのです。

「これはあかん！」と思い始め、すぐに掃除を始めました。

掃除機を手に取ると、「掃除機という姿をしたワタルちゃん」だと感じます。掃除機が、僕のために部屋を綺麗にしてくれる存在だと考えると、感謝の気持ちが自然と湧いてきました。掃除機に「今日もよろしく、ワタルちゃん」と心の中で声をかけ、部屋の汚れを吸い取ってもらうことに感謝しました。

次に雑巾を使って拭き掃除をしましたが、雑巾もまた「雑巾という姿をしたワタルちゃん」です。汚れをしっかりと拭き取ってくれることに感謝しながら、丁寧に部屋中を磨いていきました。

ゴミを集めてゴミ袋に入れるときも、ゴミ袋が「ゴミ袋という姿をしたワタルちゃん」だと感じます。ゴミを適切に片付け、部屋を清潔に保つために役立ってくれるワタルちゃんたちに囲まれながら、僕は自分のまわりを整えていきました。

部屋が綺麗になっていくと、驚くほど気持ちがスッキリしました。まるで自分の心の中まで清められていくかのような感覚があったのです。

「こんなに心地よく過ごせるものだったのか」

部屋を整えることは、単に物理的な環境を整えるだけではなく、心の状態を整えることでもあるのだと気づきました。

また、部屋だけでなく、玄関の靴が乱れていることにも気づくようになりました。以前は気にも留めていなかった靴の乱れが、今では「ワタルちゃんが乱れている」と感じられるようになり、自然と靴を揃える習慣が身についてきました。そうした小さな行動一つ一つが、心を整えることにつながっているのだと感じます。

よく「部屋を綺麗にすると運気が上がる」と言われますが、ワタルちゃん理論を通じて、その意味を深く理解するようになりました。

自分の部屋という空間は、自分の心の状態を映し出している鏡のようなものです。部屋が散らかっているときは、心もどこか乱れていたり、集中力が欠けていたりするものです。

逆に、部屋を綺麗に整えると、心も穏やかで、落ち着いて物事に取り組めるようになります。僕のように、部屋が散らかっている状態を放置していると、それは自分の心の乱れが積み重なっている証拠でもあります。

部屋が清潔で整っていると、気持ちも前向きになり、物事に取り組む意欲や集中力も自然と湧いてきます。

また、誰にも見られないからこそ、部屋の状態が自分の本当の心の姿を映しているのではないでしょうか。外からは見えない部分にこそ、自分自身が隠されているのです。

部屋が乱れていると、どこか自分の心も乱れやすくなりますが、逆に部屋が整っていると、自然と心も整い、物事がスムーズに進むように感じます。

これからも、部屋を大切にし、整えていくことを心がけていきます。あなたも「部屋という自分」を大切に扱うことで、自分自身を大切にし、心を整えることができますよ。

部屋は自分の心の状態を映す。汚れているなら、まず片付けよう

小さなものにも目が行くようになり、余裕が生まれる

オカンの大切な教え、それは「すべてを自分だと思って生きなさい」というものです。

この「すべて」という言葉には、単に「ヒト」だけでなく、僕たちが日常で触れ合うあらゆるものが含まれています。

僕も、ワタルちゃん理論を実践することで、世界のすべてが自分の一部だという視点が日常に広がり、まわりの物事や状況に対する捉え方が大きく変わっていきました。

たとえば、以前の僕は、道にゴミが落ちていても気に留めず、ただ通り過ぎていました。ゴミを拾うこともなく、環境に対して特別な意識を持つこともありませんでした。

ゴミはゴミだと思っていたし、それ以上でもそれ以下でもない、そんな無関心な姿勢で生きていたのです。

しかし、オカンの「すべてを自分だと思って生きなさい」という言葉を心に刻んでいると「すべて」というのは「ヒト」だけではなく、まわりのあらゆる「モノ」も含まれているのだと気づくようになったのです。つまり、道に落ちているゴミさえも、自分自身の一部である「ワタルちゃん」なのだと感じるようになりました。

ある日、道を歩いていたとき、ふとゴミが目に入りました。その瞬間、「ゴミが落ちている」と思うのではなく「ゴミという姿をしたワタルちゃんが倒れている」と感じたのです。

まるで自分自身がその場に横たわっているかのように、ゴミが単なるゴミではなく「ワタルちゃん」という別の姿に見えてしまいました。

「ワタルちゃん、大丈夫?」と心の中で呼びかけて、すぐにそのゴミという姿をしたワタルちゃんを救い上げようとしました。

ゴミを拾うなんて面倒だと感じていた僕が、その瞬間にはまったく抵抗感なく、むしろ自然な行動としてゴミを拾い上げました。それはまるで、倒れている友だちを助け起こすかのような感覚で、自分自身の一部を救う行為のように感じられたのです。

「ワタルちゃんが道端に倒れているならば、当然、助けてあげなければならない」

そんな気持ちが自然と湧き上がり、僕はそのゴミという姿をしたワタルちゃんを手に取り、そのワタルちゃんをゴミ箱という姿をしたワタルちゃんのところへと送り届けました。ゴミをゴミ箱に捨てることが、単なる片付けではなく、ワタルちゃんを適切な場所に帰してあげる行為に感じられたのです。

この経験を通じて、僕は道に落ちているゴミに対しても、自分自身と同じように接することができるようになりました。

それは、ゴミだけに限った話ではなく、まわりにあるあらゆるもの、たとえば道端の花や木々、ベンチや電柱、すべてが僕自身の一部だと感じられるようになったのです。

今では、道を歩いている時にゴミを見かけると、すぐに「ワタルちゃん、大丈夫？」と心の中で呼びかけて、拾い上げてゴミ箱へと送り届けるようになりました。それが自然な行動になり、抵抗を感じることもなくなりました。

ゴミを拾うことは、もはや「誰かのためにやっていること」ではなく、「自分を大切にするためにやっていること」になったのです。

こうして僕は「すべてを自分だと思って生きなさい」という言葉の深さを、日々の中で少しずつ実感するようになりました。ゴミを拾うという小さな行動が、自分を大切にする行動につながり、まわりのものすべてを愛おしく感じるようになったのです。

ワタルちゃん理論を通じて、僕は日常の中にある小さな行動一つ一つが、自分自身を大切にし、まわりを大切にすることにつながっていると気づきました。

これからも、道にゴミという姿をしたワタルちゃんが落ちていたら、迷わず「ワタルちゃん、大丈夫?」と心の中で呼びかけて、助け起こしてあげるつもりです。

すべてが自分であり、すべてを大切にする。それがオカンから教わった、そして僕が実践している生き方です。

落ちているゴミを助けよう。
それは自分自身でもあるからだ

食べ物に感謝しながら「自分たち」と一体になる

僕はそれまで、ご飯を食べる前後に「いただきます」「ごちそうさま」の挨拶をほとんど言うことがありませんでした。食事の時間は、単に空腹を満たすための時間に過ぎず、特別な意味を感じることもなく、食事自体を味わうことも少なかったです。

むしろ、早食いが癖になっていて、食べ物に対して感謝の気持ちを持つこともほとんどありませんでした。オカンが「ちゃんと『いただきます』と『ごちそうさま』を言いなさい」と注意しても、聞き流していたことが多かったのです。

しかし、ワタルちゃん理論を実践していく中で、食事に対する捉え方が大きく変わりました。

食べているお米の一粒一粒も「お米の姿をしたワタルちゃん」、味噌汁も「味噌汁の姿をしたワタルちゃん」、おかずもまた「おかずの姿をしたワタルちゃん」です。

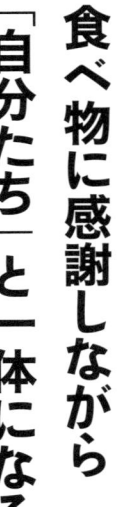

この考え方が定着すると、食事がただの空腹を満たす行為ではなく、ワタルちゃんたちと一体になる瞬間だと感じるようになりました。

食事をするとき、今では一つ一つの食材を、丁寧に味わうことを心がけています。お米の一粒一粒が、自分にとってどれだけ大切なものであるかを感じながら、ゆっくりと口に運びます。味噌汁の温かさや風味、おかずの一口ごとの味わいを、以前とはまったく違う感覚で楽しむことができるようになりました。

箸もまた「箸という姿をしたワタルちゃん」なので、丁寧に使い、食べ物を口に運ぶ瞬間も、ただの動作ではなく、感謝の気持ちを込めた行動として感じられるようになりました。

さらに、**食べる行為そのものも「ワタルちゃん理論」の一部**です。食べものを咀嚼する瞬間、その咀嚼の動作も「咀嚼するワタルちゃん」だと感じることで、自分が生かされていることのありがたさを強く感じます。

食べものは、自分の命をつないでくれる大切な存在です。

その食べものが口に届くまでに、生産者の方々や流通・販売に関わる方々、料理を作ってくれた人、すべての人々の手を経ているのだと考えると、自然と感謝の気持ちが湧いてくるようになりました。

今では食事の前に必ず「いただきます」、食べ終わった後には「ごちそうさま」を言うようになりました。「いただきます」は、命をいただき、自分が生き続けるために、その命を使わせてもらうという感謝の表現です。そして「ごちそうさま」は、食事を準備してくれた人々への感謝の気持ちを表す言葉です。

オカンはよく、ご飯を食べるとき「ご先祖様に感謝しなさい」と言っていました。これは単に食材や料理を作ってくれた人々への感謝だけでなく、自分の命がここまでつながっていることへの感謝でもあります。

ご先祖様がいなければ、僕自身も存在していない。そう考えると「いただきます」や「ごちそうさま」の言葉には、食材の命への感謝に加えて、自分をここまで生かしてくれたご先祖様への感謝も込められていることに気づかされました。

日々の食事を当たり前のように感じていましたが、この当たり前が、実は奇跡の連続で成り立っていることに気づくと、食事そのものが特別なものに変わります。

食事のたびに「いただきます」「ごちそうさま」と言って、自分が生かされていることを感じる時間を持つことは、自分の命と向き合う大切な瞬間です。

日々の食事が、単に体を満たすための行為ではなく、自分の存在に感謝し、命のつながりを感じる機会となります。

これからも「いただきます」「ごちそうさま」という言葉を大切にしながら、食事に感謝し、自分が生かされていることを意識して生きていきます。

当たり前だと思っていた日常が、実は当たり前ではない奇跡の連続であることを忘れずに、１食１食を大切にし、自分の命を感じながら過ごしていきたいです。

「いただきます」「ごちそうさま」を口にして、命と奇跡を感じよう

本は覚えるもの、学ぶものではなく、思い出すもの

以前の僕は、ネタ探しのために書店にはよく行っていましたが、本を読むことがとても苦手でした。

書店で本を手に取ることや買うこと自体には何の抵抗もなく、むしろ新しい本を買うのが楽しみなほどでした。しかし、実際に本を読むとなると、すぐに飽きたり、ページをめくるのが面倒だったりして、最後まで読み切ることはほとんどありませんでした。

結果的に、本を買って満足してしまい、読まないまま積み重なってしまう、いわゆる「積読《つんどく》」の状態になっていたのです。

しかし、ワタルちゃん理論を実践し始めてから、本に対する捉え方が大きく変わりました。**店内に並んでいるすべての本が、自分が書いた本だという感覚になるのです。**

本の著者はもちろんほかの方ですが、その考え方や内容もすべて「自分の一部」とい

うふうに感じられるようになったのです。

以前は、好きなジャンルやテーマにかたよって本を選んでいましたが、今ではどんな本にも自然に興味が湧きます。なぜなら、それらすべてが「自分の本」だからです。どの本も、自分自身が書いたもの、あるいは自分の内側にある知識や経験の一部だと感じられるようになったのです。

この感覚が芽生えると、本を読むこと自体がまったく違う体験になります。

以前は、本を読むのが苦痛で、内容を覚えようと必死になることが多かったのですが、今では本を「覚える」ではなく「思い出す」感覚で読めるようになりました。

つまり、本の中に書かれていることが、すでに自分の中にある知識や経験を引き出すものだと感じるようになったのです。この感覚によって、本を読むことが格段に楽しくなり、一気に読み進めることができるようになりました。

また、**どんな著者の考え方にも、否定や偏見といった視点を持つことなく、純粋に「自分の一部の考え方」として受け入れることができる**ようになりました。

以前は、著者の意見や主張に対して「この考え方は自分とは違う」「この人は特別だからできるんだ」といった距離感を感じることがありましたが、ワタルちゃん理論を実践している今では、そのような感情はほとんど生まれません。

どんなに有名な著者であっても、どんなに偉大な歴史上の人物であっても、彼らの考え方もすべて「自分の一部」として捉えることができるようになりました。

今では、彼らの偉業や成功が、自分とは無縁のものだと感じることがなくなりました。「この人はすごい」「この人だからできる」という感覚ではなく「すべて自分だから、自分にもできる」という前向きな気持ちが自然に湧いてくるようになったのです。

書店は、もはや単なるネタ探しの場所ではなく、自分の新たな可能性を感じる場所になりました。本棚に並ぶ無数の本が、自分の考え方や感情、経験を表現しているかのように感じられます。

どの本も、自分の内面の新しい一面を引き出してくれる存在であり、そこに書かれていることがすべて自分に関連していると感じることで、読みたい本が増えていきます。

今では本を通じて、自分の世界を広げることができるようになり、どんな本を手に取っても、それが自分の知識や経験の一部となっていきます。

本に対する接し方が大きく変わり、ただ読むだけでなくなったのです。

ワタルちゃん理論のおかげで、本を読むことが楽しくなり、どんな本でも「自分事」として読めるようになりました。

これは単に知識を吸収するだけでなく、自分自身の成長や可能性を感じることにつながっています。

本で得たものが、自分の人生を豊かにしてくれると感じています。

これからも、どんな本を読んでも、それが自分の一部であり、すべてが自分自身の成長や学びにつながるという感覚を持っていきたいです。

すべての本が「自分の一部」と感じれば、もっと読書が楽しくなる

最新テクノロジーやインフルエンサーより「まず自分」

昔の携帯電話に比べて、今のスマホは驚くほど進化しています。アプリも無数にあり、どんどん新しい機能やサービスが追加されています。Googleで検索すれば、瞬時に必要な情報が手に入りますし、スマホ一つで世界中の知識にアクセスできるのです。

さらに、ChatGPTのようなＡＩに問いかければ、すぐに答えが返ってきます。このような技術の進歩には本当に驚かされますし、今の時代がどれだけ便利で豊かなものかを実感せざるを得ません。

ただ、僕にとって、こうした技術も「外部のもの」ではありません。**スマホも、Googleも、ChatGPTも、すべて「ワタルちゃん」という姿をした自分自身の一部です。**

テクノロジーもまた、僕自身のすごさや可能性を感じさせてくれるものなのです。すごい時代に生きているということは、自分がその時代の一部であり、そのすごさを味わい、楽しむことができます。

たとえば、Google で何かを検索して情報を手に入れるとき、僕は「Google というワタルちゃんが、僕の質問に答えてくれている」と感じます。

ChatGPT に問いかけるときも「ChatGPT というワタルちゃんが、僕のために知識を分かち合ってくれている」と思えるのです。

そう考えると、これらの最新テクノロジーがただの便利な道具ではなく、僕の一部として機能していることが感じられ、そのすごさに驚かされます。

また、ＳＮＳも、人々に大きな影響を与えています。無数の投稿や動画が流れ、多種多様なインフルエンサーたちが自分の個性や考え方を発信しています。

ＳＮＳを通じて、インフルエンサーたちが大きな影響力を持ち、多くのフォロワーに対して情報を発信し続けています。しかし、その反面、ＳＮＳを見ていると、他人と比べて劣等感を覚える人も増えているようです。

自分よりも成功している人、影響力が大きい人、注目を浴びている人を見ると、「自分はどうしてあの人のようになれないのか」「自分はこんなにがんばっているのに評価されない」と思ってしまうことがあるかもしれません。

しかし、ワタルちゃん理論を実践していると、こうしたSNSの世界であっても劣等感に苦しむことがなくなります。なぜなら、SNSに登場するインフルエンサーたちもすべて「ワタルちゃん」だからです。

ワタルちゃん理論では、インフルエンサーたちもまた「自分の一部」なのです。彼らの成功や影響力も自分の一部であり、そこに優劣を感じる必要がありません。

人と自分を比べることは無意味です。

誰かと比べて劣等感を抱いたり、焦ったりする必要はなく、むしろ「この世界はすべて自分の一部」という視点を持って、自分の個性を見つけることに集中しましょう。

SNS上でどれだけ多くの人が注目を浴びていようと、彼らもまた自分自身の一部であり、彼らの成功は自分にとっても何らかの学びや刺激を与えてくれるものです。

今はSNSを通じて、自分の考えや個性を発信し、多くの人々に影響を与えることができますが、成功するためには誰かと比べるのではなく、徹底的に自分自身に意識を向けることが重要です。

ＳＮＳの世界に引きずられることなく、その中で自分自身の存在感を見つけ出し、インフルエンサーを目指すのではなくて、すべて自分である「ジブンナンダー（自分なんだ）」を目指しましょう。

今は、便利で刺激的なツールがたくさんありますが、それらもすべて自分です。**テクノロジーを活用しつつも、自分自身を見失わず、ただただ自分の可能性に集中し、自分を磨いていきましょう。**スマホやＳＮＳも自分の一部として活用し、劣等感ではなく、希望や可能性に満ちた未来を見据えることができます。

「インフルエンサー」ではなく「ジブンナンダー」を目指そう

なんでも相談しやすくなり、頼み上手になれる

何か相談をしたり、誰かにお願いしたりするときに「こんなことを聞いたら迷惑かな?」「もし変に思われたらどうしよう?」と心配し、つい躊躇してしまったことはありませんか?

かつての僕が、まさにそうでした。

小さな質問でも、相手に負担をかけてしまうのではないかと不安がよぎり、その結果、自分の中で悩みを抱え込むこともよくありました。お願いをするという行為が、どこか負担になるような気がして、なかなか自分から動けないことが多かったのです。

しかし、**ワタルちゃん理論を実践し始めてから、この考え方が大きく変わりました。相談する相手やお願いする相手も、自分自身の一部**なのです。

そう考えると、相手に対して遠慮したり、負担を感じたりする必要がなくなります。

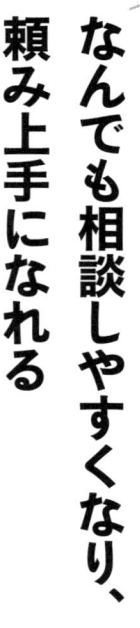

なぜなら「自分自身にお願いしている」という感覚になるからです。

自分自身に相談すると思えば、話しかけることに対するハードルが一気に下がります。これまで「迷惑じゃないかな？」と考えていたことも「自分にお願いしているだけなんだから大丈夫」と思えるようになり、気軽にお願いできるようになりました。

また、**相手の才能も自分の一部だと考えることができるので、何かをお願いすることは、自分自身の能力をうまく活用すること**だと感じられます。

たとえば、僕が何か特定の分野において苦手なことがあったとしても、それを得意とする人がまわりにいるのなら、その人にお願いすることができるようになりました。

そうすることで、自分が不得意なことに無駄な時間や労力を費やすことなく、逆に自分が得意なことや好きなことにもっと集中できるようになります。お願いすることで、結果的に自分の時間を有効に使い、自分のやりたいことを追求できるのです。

ワタルちゃん理論は、コミュニケーションをスムーズにする方法でもあります。相手を自分の一部だと考えることで、壁を感じることなく話しかけたり、相談したりするようになり、自然とコミュニケーションが円滑になります。

相談することやお願いすることが容易になると、次第に自分の夢を叶えるための助けを周囲からも得られるようになっていきます。**自分一人では限界のあることも、まわりの力を借りることで大きな夢に近づくことができます。**

実際、どんな大きな夢でも、一人だけで実現するのは難しいことが多いでしょう。夢を実現するためには、ほかの人の力や知恵、経験が必要です。

その「ほかの人」も、ワタルちゃん理論においては、自分自身の一部です。だからこそ、遠慮せずにお願いすることができ、まわりの人々の才能や力を活用することで、自分の夢を実現するための一歩一歩を進めていくことができます。

とくに現代社会では、多くの人々が異なる専門知識やスキルを持っていて、その才能を活かすことで新しい価値を生み出すことができます。

ＳＮＳやインターネットの発展により、簡単にほかの人にアクセスでき、協力を得ることが可能になっています。

そんな便利な時代ですが、さらに「すべてを自分だと思う」ワタルちゃん理論を活用することで、相手との距離がさらに近くなり、お願いしやすくなります。

相談することもお願いすることも、弱さを見せることではなく、自分の一部に助けを求めることだと捉えましょう。 そうすることで、まわりからのサポートを受けながら、夢に向かって進んでいくことができるようになります。

夢を追いかける中で、自分一人ではできないことがたくさんあります。

しかし、まわりの人たちが自分の一部であり、その力を借りることができると考えることで、夢に向かって進むことがよりスムーズになり、現実に近づくのです。

自分一人ですべてを背負い込むのではなく、ワタルちゃん理論を活用し、まわりの力を借りながら進んでいくことが、夢を叶えていく近道なのです。

もっと気軽にまわりを頼ろう。
自分にお願いしているだけ

愛とやさしさに満ちた運転とは何か？

車を運転していて、割り込んでくる車に対してイラっとしたことはありませんか？

以前の僕は、ひどくイライラしていました。

急に前に入られたりすると、怒りがこみ上げて「なんで無理やり入ってくるねん！」と文句を言い、時にはクラクションを鳴らしてしまうこともありました。

しかし、ワタルちゃん理論を実践していく中で、運転に対する考え方が大きく変わっていきました。車もまた「車の姿をした自分」だと感じられるようになったのです。

自分の車だけでなく、割り込んでくる車も、すれ違う車も、すべてがワタルちゃんの一部です。

そう考えると、自然と心に余裕が生まれ、ほかの車に対してもやさしくなれるようになりました。割り込んできた車も「ワタルちゃん、急いでるんだな」と思えるようになり、譲ることが自然な行動に変わっていったのです。

運転中に触れるすべてが「ワタルちゃん」だと思うと、運転自体がとても穏やかで、心地よいものになります。ハンドルを握るときも、アクセルを踏むときも、ブレーキをかけるときも、それぞれが「ワタルちゃんという姿をしたパーツ」だと感じます。ハンドルもアクセルも、まるで自分の体の一部のように扱い、丁寧に動かすことで、運転がスムーズで心地よくなるのです。

また、ミラーやワイパー、ライトさえも、すべてがワタルちゃんだと感じると、それらの存在が愛おしくなり、運転そのものがやさしさに満ちたものに変わります。

あるとき、ふと思ったことがあります。

僕の車から出ているのは、排気ガスではなく「やさしさ」なんじゃないかと。

ワタルちゃん理論を実践することで、運転中の僕の心が穏やかになります。道に対してやさしさを持って走っているからこそ、車から出ているのは排気ガスではなく、やさしさという目に見えないものだと感じるようになったのです。車が走るたびに、やさしさが道に広がっていく。そんな感覚さえ覚えるようになりました。

ある日、信号待ちをしているときのことです。前には数台の車が止まっていて、それぞれがきちんと車間距離を保ちながら並んでいました。

その光景を見ていると、突然、目から涙があふれてきました。

車間距離もまた「ワタルちゃん」だと感じたのです。車同士が前の車にぶつからないように、適切な距離を保って止まっている姿を見て「みんながこんなにも、相手のことを想いながら運転しているんだ」と思うと、ただただ感動してしまいました。

それはただの涙ではなく、目から「愛」があふれてきたという感覚でした。もっと正確に言うなら、それは「愛という姿をしたワタルちゃん」があふれてきたのです。

車間距離を保っている車たちが、それぞれに「愛」を持ってお互いを尊重しているように見えたのです。無意識のうちに、すべてのドライバーがまわりの車を気にかけ、注意深く運転している姿が、愛の象徴に感じられました。

それ以来、運転するたびに、車間距離を大切に思うようになりました。車すべてがワタルちゃんであり、互いにぶつからないように注意し合いながら走るその姿が、とても美しいものに感じます。

ワタルちゃん理論を通じて、車の運転は単なる移動手段ではなく、まわりの人や環境に対してやさしさを示す行為になりました。

交通の流れそのものが一つの「愛の流れ」のように感じられ、僕自身もその流れの一部として運転していると、自分の心も安らぎ、まわりとの調和を感じながら過ごせます。

今では、運転を通じて「愛」を感じることができるようになりました。運転中の小さな行動一つ一つが、まわりの人々や車とのつながりを感じさせ、その中で愛とやさしさを実感しています。

車の運転は、ただ目的地に向かうだけの行為でなく、一つの「愛の実践」だ

第4章

小さな心の変化が、大きなきずなを生んで、未来を変える

身体の隅々、言葉の一つ一つまで血を通わせよう

これまでワタルちゃん理論（自分理論）を通じて、大きな単位で「すべてがワタルちゃん」であることをお伝えしてきました。家や車、ほかの人々がワタルちゃんであり、世界全体が自分の一部として感じられるようになるという考え方です。

ワタルちゃん理論をさらに細かく実践していくと、自分自身の体や心の細かい部分までもが「ワタルちゃん」になっていきます。

まず、自分の体すべてがワタルちゃんです。たとえば、目、鼻、口、耳、歯、爪、毛、毛穴、骨、血管、臓器までもが「ワタルちゃん」だと感じられるようになります。

これを意識すると、自然と自分の身体をより大切に扱おうという気持ちが湧いてきます。目や耳といった感覚器官を大切にするようになり、髪や爪、肌に対しても丁寧にケアするようになります。

体だけではなく、言葉を発するときも同じです。言葉の一つ一つ、声の一つ一つが「ワタルちゃん」だと思うと、その言葉をどう使うかに意識が向きます。相手にやさしさを伝えたり、誰かを励ましたりするために使う言葉を、より大切なものに感じられます。

そうすることで、言葉が持つ力を使い、まわりにも良い影響を与えることができるのです。

さらに、人間の体には約37兆個もの細胞があると言われています。この37兆個の細胞もすべてワタルちゃんです。

体の中にこれだけたくさんのワタルちゃんがいると思うと、驚くと同時に、自分自身がどれだけ素晴らしい存在なのかを感じられるようになります。これだけの細胞が、自分を日々支えてくれているのです。だからこそ、健康に気を使い、体を労わることが大切だと感じるようになります。

頭の中にも無数のワタルちゃんがいます。

人間は1日に約6万回もの思考をしていると言われています。その中で、3万5000回以上の選択や決断を無意識のうちにおこなっているとされています。

この思考や選択も、すべてがワタルちゃんです。つまり、毎日の中で無数の「思考のワタルちゃん」や「決断のワタルちゃん」が現れているのです。

多くの人が、無意識に悪い方向へ考えたり、ネガティブな選択をしたりします。日々の忙しさやプレッシャーから、つい不安や焦りにとらわれてしまうのです。

しかし、だからこそ、ワタルちゃん理論を活用して、自分の思考や選択を意識的にコントロールすることが大切。**すべての思考や選択がワタルちゃんであるならば、そのワタルちゃんたちを幸せに導いてあげる選択をすることが重要です。**

そのためには、日々の選択をできるだけシンプルにし、迷わないようにするためのマイルールを作ることが効果的です。

たとえば「常に前向きな言葉を使う」「他人を助ける行動を優先する」といったルールを自分に課すことで、日々の選択に迷わず、前向きでハッピーな決断ができるようになります。

また、迷わないようにするためには「自分を楽しませる選択」を意識することも大切です。すべての思考や決断が自分の一部、そう考えれば、楽しいほうを選択することを意識するだけで、よい未来を引き寄せることができます。

小さな思考や選択が積み重なって、やがて大きな変化を生み出していきます。

結局のところ、僕たちの未来を形作るのは、自分自身の選択なのです。ワタルちゃん理論を通じて、すべてを自分の一部として捉え、すべての行動や思考を自分の望むものに変えることで、自分の未来をより自分の望む方向にしていくことができます。

自分自身をしっかりと感じ、37兆個のワタルちゃんたちが支えてくれていることを意識しながら、毎日をハッピーに過ごしていきましょう。

37兆個の自分を駆使して、自分を楽しませる選択を心がける

生まれた国を好きになるのは、何も特別なことではない

「あなたは自分の国が好きですか?」と聞かれたとき、多くの人が好きだと感じるでしょう。

しかし、実際にその理由を深く考えてみると、単に生まれた場所だからというだけでは説明できないものがあります。

国や故郷を好きになる理由は、その土地で育まれた日々や共有された思い出、そして積み重ねてきた経験が関係しているのではないでしょうか。

たとえば、日本には四季折々の美しい風景があり、僕たちはその自然の変化を肌で感じながら日々を過ごしています。春には桜が満開になり、夏には青い空と海が広がり、秋には紅葉が目を楽しませ、冬には雪景色が心を静かに包んでくれます。

それぞれの季節がもたらす風景や出来事が、僕たちの心に新しい感情や思い出を刻み込み、僕たちの感性や考え方に影響を与えてくれるのです。

これらの一瞬一瞬が積み重なり、僕たちは日本の自然や文化とともに生き、成長してきました。

日々を重ねる中で感じるもの、それが自分の国を好きになる理由の一つです。

また、自分が生まれ育った場所を「自分ごと」として大切に思うことは、自己愛と深くつながっています。

自分が生まれた国や故郷を愛し、尊重することは、自分のルーツを受け入れ、今の自分自身をより大切にできるようになる第一歩でもあります。

自分がどこから来たのか、その背景を理解し、誇りを持つことは、自己肯定感を高めるために必要な要素です。

さらに、自分の国や故郷を大切にすることは、自然と他者へのやさしさや共感にもつながっていきます。

自分のルーツや国を誇りに思い、それを大切にできる人は、ほかの人々が持つそれぞれの誇りや愛にも共感できるようになります。

たとえば、ほかの国や地域の文化や風習に対しても、相手が感じているその場所への愛情を理解し、尊重することができるでしょう。

それは、自己愛と他者への愛が調和する状態であり、共感と尊重が生まれる瞬間なのです。

もちろん、国や地域に対しての改善点や問題点に気づくことも大切です。どんな国にも完璧なところはなく、課題があるのは当然でしょう。

しかし、その課題を克服しようとする姿勢や、そこに暮らす人々の努力や希望を見つめることで、さらにその国を大切に思えるようになるのではないでしょうか。

国を好きになるということは、ただ盲目的に肯定することではなく、そこに存在する問題も受け入れ、改善していこうとする意思を持つことでもあります。

自分がどこから来たのか、どのような環境で育ってきたのかを理解し、それに対して

感謝や誇りを持つことが、今の自分をもっと大切にするための道です。

「あなたは自分の国が好きですか？」という質問には、多くの要素が絡み合っていますが、その答えは自分自身のルーツを愛し、今の自分を肯定することから始まるのです。

自分の生まれ育った場所を大切に思うことで、僕たちはさらに成長し、豊かな人生を築いていけます。

自分の国を愛することが、自分自身や他者への愛につながる

世界を愛そう。そこには自分がいる

日本という国に限らず、僕たちが住むこの地球全体が「自分の一部」だと感じることができれば、どれほど素晴らしいことでしょうか。

ワタルちゃん理論をさらに広げて考えると、すべてが「自分の一部」であり、「自分がすべて」であるという考え方が基盤となります。

この理論では、国や地域、文化、さらには自然や宇宙までもが、自分自身の一部だと捉えることができます。**つまり、僕たちはどこへ行っても、その土地やそこに住む人々が自分の一部であり、自分自身もその土地の一部なのです。**

異なる国に足を踏み入れると、その国の風土や文化、習慣が目に飛び込んできて、驚きや感動を覚えることがあるでしょう。

しかし、ワタルちゃん理論を実践していると、こうした異文化との出会いが、ただの驚きや新しい体験にとどまらず、もっと深いレベルで自分とつながっていることを感じることができるのです。

地球は一つの大きな家であり、僕たちはその中に住む家族のような存在だと考えると、国や文化の違いも、ただ「家の異なる部屋」に過ぎないと感じることができます。部屋が異なれば、その中にある家具や飾りつけは違うかもしれませんが、全体を包む「家」は同じです。つまり、国や文化の違いはあくまで表面的なものであり、僕たち全体が共有するこの地球という家の中で、すべてつながっているのです。

これに気づくことで、国境や文化の壁を越えて、より広い視点から世界を見ることができるようになります。

ワタルちゃん理論においては、どこにいても「自分」であり、すべてが「自分の一部」だという意識が強く働きます。

たとえば、海外に旅行したり、異文化の人々と触れ合ったりするとき、その土地や文化に触れることで、自分の内側がどんどん拡張されていく感覚があります。

それは単に旅行者としての体験にとどまらず、自分と他者、そして地球全体がつながっているという深い認識から生まれるものです。この認識があると、僕たちは世界を旅するたびに、自分自身の一部を新たに発見するような感覚に包まれます。

海外の美しい自然や歴史的な建造物を見たとき、その壮大さや美しさに感動するだけでなく、それが自分の一部だと感じることで、より深いレベルでのつながりを感じられるようになります。

また、**異なる文化や習慣を持つ人々と出会ったとき、その違いを尊重しながらも、自分との共通点を見つけ出すことで、他者を「自分の一部」として受け入れることができる**のです。

この考え方を持って世界を見渡すと、僕たちはどこに行っても自分が孤独ではないことを実感します。世界中の人々が自分であり、すべてがつながっているという感覚は、自己愛や他者への愛、そして地球全体への愛といった広がりをもたらします。

そうした感覚を持つことで、自然と自分以外の人々や環境に対してもやさしくなり、相手を尊重し、受け入れることができるようになるのです。

さらに、地球という「大きな家」に住んでいる僕たちは、他者の苦しみや喜びもまた、自分自身の一部であることを感じられるようになります。

ほかの国や地域で起こっている問題や喜びも、自分とは無関係なものではなく、「自分の家」の出来事として捉えることができます。これによって、ほかの人々の苦しみや幸せにも共感しやすくなり、地球全体に対する責任感や愛情が生まれてくるのです。

ワタルちゃん理論を通じて、僕たちは「地球全体が自分の一部」であり、「すべてが自分」という視点を持つことができます。

この視点を持つことで、僕たちの心は広がり、世界と深くつながる感覚を得ることができます。世界中が自分となり、すべてはつながっています。

僕たちは「地球という大きな家」に住んでいる

なぜトイレ掃除を素手でできるのか？

「あなたはトイレ掃除をしていますか？」

すぐに「はい」と答えられる人は少ないかもしれません。僕もかつては、トイレは汚い場所というイメージが強く、トイレ掃除をしたことはほとんどありませんでした。

一方で「トイレには神様がいて、トイレ掃除をすると運気が上がる」という話を聞いたことがあり、どこかでそのことも頭に残っていました。それでも、やはりトイレ掃除には抵抗があったのです。

しかし、ワタルちゃん理論を実践し始めると、考え方が変わっていきました。ワタルちゃん理論では、トイレの汚れさえも「ワタルちゃん」だと捉えます。

トイレ掃除をすることが、自分の一部を大切にする行為であると感じ始めると、自然にトイレを掃除するようになりました。

さらに「素手でトイレ掃除をすると運気が上がる」という話を耳にしました。最初は「どんな話やねん！」と思い、半信半疑でしたが、試しにやってみることにしました。

いくらワタルちゃん理論を実践しているといっても、素手でトイレ掃除をすることには、やはり少し勇気が必要でした。しかし、思い切って一度やってみると、それほど大したことではないと感じ、次第にスムーズにできるようになりました。

何日か続けるうちに、トイレがピカピカになることで気持ちはスッキリし、すがすがしい感覚が得られることに気づきました。

ただ「素手でやることが運気を上げる理由」という部分は、自分なりに考えたりヒントを探したりしましたが、まだ自分の中で腑に落ちていませんでした。

しかし、あるとき、ふと気づいたのです。答えは「ウンコ」にあったのだと。

ウンコというのは、僕たちが食べたものが変わった形で、もともとは自分の体の一部だったものです。それが排泄された瞬間、それは「汚いもの」として認識されます。

自分の体内にあるときは、とくに汚いと感じないのに、外に出た途端に「汚い」と思ってしまう。この思考のギャップに、実は大きな問題が隠されているのではないかと感じました。

つまり「きれい」や「汚い」という概念自体が、僕たちの心を揺さぶる二元論的な考え方であり、その枠組みに縛られているのです。

素手でトイレ掃除をすることの本当の意味は、こうした「きれい」と「汚い」という二元論に対する挑戦なのでしょう。トイレ掃除を素手でおこなうことで、これらの概念を超えて、何が本当に大切なのかを感じ取ることができるのです。


トイレの汚れを汚いと拒否するのではなく、自分の一部として受け入れることで、心の中に一元論的な平和が生まれます。


ワタルちゃん理論において、この一元論の考え方は非常に重要です。僕たちは日常生活で、物事を「きれい」「汚い」のような二元論で判断しがちです。

しかし、すべてが自分の一部だと感じ、一元論的に物事を見ることができれば、心の中に揺さぶられない平静さが生まれます。素手でおこなうトイレ掃除は、そのためのトレーニングの一環なのだと感じるようになりました。

ブラシを使って掃除する場合でも、ブラシを自分の一部として捉え、トイレそのものも自分の一部として感じながら掃除をすることで、同じ効果が得られるはずです。

トイレ掃除を通じて、物事をきれいか汚いかという二元論で捉えるのではなく、すべてが自分とつながっていると認識する一元論的な視点を持つことが、心の平和と運気を高める鍵なのだと考えています。

自分自身と深く向き合い、心を整え、すべての物事を自分の一部として受け入れる感覚を、トイレ掃除で培うことができるのです。

世の中には二元論がとても多いので、一元論を感じるためにも、素手のトイレ掃除の実践をお勧めします。素手でやらなくても、汚れを自分だと思って、ブラシという自分を持ち、トイレという自分をきれいに磨いてあげましょう。

あなたの体内は汚いですか？ウンコは汚いですか？

オカンのガンを完治させた「笑顔の恩返し」

ある日、突然オカンが「股からの血が止まらへんから、病院に行ってくる」と言いました。そのときは、ただの体調不良だろうと思い、とくに気にしていませんでした。しかし、数日後、結果がわかり、衝撃的な知らせが僕を襲いました。オカンは子宮ガンだと言われたのです。

それまで、当たり前のようにそばにいてくれたオカン。僕はずっと、オカンが永遠に元気でいてくれるものだと思っていました。

しかし、この知らせを聞いた瞬間「オカンが死ぬかもしれない、いなくなるかもしれない」という恐怖が頭の中を駆け巡り、真っ白になりました。

漫才師を目指したのは、オカンを笑顔にしたかったからです。しかし、思い返してみれば、僕は芸人になってから、ほとんどオカンを笑顔にできていませんでした。

漫才で成功することや自分のキャリアに集中するあまり、オカンの存在を軽視していたのです。ワタルちゃん理論を実践してきたのに、いちばん身近で大切な存在であるオカンに対して、この理論をまったく適用していなかったことに、初めて気づきました。

オカンの病気を聞いたとき、僕はオカンを「当たり前の存在」として見ていたことを深く後悔しました。ワタルちゃん理論を実践し、すべてを自分の一部として見てきたはずなのに、オカンという最も大切な存在を、自分から切り離して考えていたのです。

僕は入院したオカンに対して、徹底してワタルちゃん理論を実践しました。

オカンの体の中にあるガンを「ガンという姿をしたワタルちゃん」と見てみると、そのガンが怒っているように感じました。怒りながらオカンの体を攻撃しているような感覚があったのです。

僕はそのガンに対しても、自分の一部として接し、どうにかガンを笑顔にしたいと思うようになりました。だからこそ、僕は全力で笑顔を作るために動き始めました。

たとえば、入院中のオカンやオカンのガンに対して「大好き！」と何度も言ったり、セルフコチョコチョをして笑いを引き出そうとしたり、全力で向き合ったのです。

もちろん、最初はオカンから「あんた、泣きながら何をやってるんや」と笑われましたが、その笑顔が見られた瞬間、僕はこれでいいんだと思ったのです。

毎日病院に通い、オカンが笑顔になるように一生懸命ネタを披露しました。オカンに大笑いしてもらえるように、すごいスピードでギャグを生み出し続けたのです。

オカンはそんな僕を見て笑ってくれて、その笑顔を見るたびに、僕自身も救われる気持ちになりました。不安や恐怖に押しつぶされそうになりながらも、僕はオカンを笑わせ続けました。

その結果、ガンという深刻な病気と闘いながらも、オカンは毎日笑顔で過ごしてくれました。お見舞いに行くたびに、笑いが生まれ、病院のベッドの上でさえ、まるでお笑いステージのような空気が流れていました。

奇跡は、その笑顔の先に待っていました。オカンのガンは、治療が功を奏して奇跡的に完治していきました。

この知らせを聞いたとき、僕は心の底からホッとし、安堵の涙を流しました。本当に、心から「よかった」と思いました。

今回の出来事を通じて、僕は改めてワタルちゃん理論の本質を理解しました。すべてを自分の一部と感じることで、困難な状況にも前向きに向き合うことができ、笑顔を生み出す力が自分の中にあることを再確認できました。

オカンもガンも、すべてはワタルちゃんであり、そこに「大好き!」という気持ちを注ぐことで、笑顔と希望が生まれたのです。

僕にとって、オカンが健康を取り戻してくれたことは、本当にかけがえのない幸運です。これからも、オカンが笑顔でいられるように、そして自分自身も笑顔でいられるように、ワタルちゃん理論を実践し続けていきます。

どんな病気になったとしても、笑顔があなたを救ってくれる

賢者は路傍の石からも学ぶ

「賢者は路傍の石からも学ぶ」という言葉があります。

賢い人は、何気なく道端に転がっている石でさえも、そこから何かを学び取る姿勢を持っているという意味です。

僕たちは日常の中で、目にするものや体験する出来事から学びを得るチャンスにあふれています。

しかし、そのチャンスを見逃さずに活かせるかどうかは、自分自身の心構えや視点次第です。

この言葉は、日常のどんな些細なことでも学びに変えることができる柔軟な心を持つことの重要性を教えてくれます。

ワタルちゃん理論もまた、この「学びを得る力」にフォーカスしています。

たとえそれが、道端に転がっている石、普段は見過ごしてしまいそうな小さな出来事など、一見取るに足りないようなものや、失敗や挫折といったネガティブに見えるものであっても、実はそこから大きな学びを引き出すことができます。

ワタルちゃん理論では、すべてのものが「自分の一部」であると考えるため、どんな出来事も自分へのメッセージとして捉えることができます。

たとえば、何気ない出来事が繰り返されるとき、それは自分が学び取るべきことがあるサインかもしれません。

また、失敗や挫折は、僕たちの成長にとって非常に重要な要素です。誰もが経験するこれらの困難は、一見ネガティブな出来事に見えるかもしれませんが、その捉え方を少し変えることで、学びのチャンスとして活かすことができます。

ただ起こった出来事に感情的に反応するのではなく、それをどのように自分の成長に結びつけるかが重要です。

すべての出来事には学びが隠されており、それに気づけるかどうかは、僕たちの心がどれだけオープンであるかにかかっています。

たとえば、何かに失敗したとき、多くの人はその失敗を悔やんだり、自己否定におちいったりしてしまうかもしれません。

しかし、その失敗を自分の経験として受け入れ、「この失敗から何を学べるか？」という視点で考えると、失敗そのものが成長のための材料に変わります。

失敗や挫折が教えてくれるのは、自分の弱点や改善点だけではなく、挑戦し続けることの大切さや、他者との協力の重要性、そして忍耐力や自己信頼といった大切なスキルです。

こうして、どんな経験も成長の一歩として活かすことができるようになります。

「賢者は路傍の石からも学ぶ」という言葉は、僕たちにあらゆる瞬間が学びの機会であることを教えてくれます。

その学びも、単に外から与えられるものではなく、自分自身で意識的に探し出す姿勢が必要です。

何気ない日常の出来事や、他人との会話の中にも、実は自分にとって貴重なヒントやメッセージが含まれていることがあります。

路傍の石さえも自分に向けられたメッセージとして受け取ることで、新たな視点や気づきを得ることができるのです。

賢者とは、そうした小さなサインやメッセージを見逃さず、自分の糧にする人のことを指します。何気ない瞬間からでも学びを見出し、それを自己成長に結びつけることができる人です。

すべてに対して、謙虚な気持ちで向き合うことが大切です。日々の生活の中で、僕たちは大小さまざまな経験をしていますが、そのすべてが学びのチャンスであることに気づくことができれば、日常がより豊かで意味のあるものに変わっていくでしょう。

どんな日常にも学びがある。学びに気づくための「メッセージ」に気づこう

物語＝すべての物は語っている

僕たちは皆、自分自身の物語を生きています。それぞれがその物語の中で主人公として存在し、日々の出来事や経験がその物語を形作っています。

しかし、この物語はただ受け身で進むものではなく、僕たち自身が積極的に物語を作り出していると気づくことが大切です。自分の人生を、自分の意志で紡いでいるという認識を持つことで、より豊かで意味のある物語を生きることができるようになります。

仏教の教えでは「主人公」という言葉が、自分たちの内なる声に気づき、自己を見つめ続けるための重要な問いかけとして使われています。

「私が主人公だ」という言葉を自分自身に投げかけることで、自分がどのように物語を進めていくかが徐々に明確になっていきます。

この言葉は、日々の選択や行動が、自分の物語を作り上げる重要な要素であることを思い出させてくれます。

僕たちが生きている物語は、決して自分だけのものではありません。周囲のすべてのもの、自然や環境、他の人々の存在も、僕たちの物語に関わっています。

風の音、鳥のさえずり、季節の移り変わりといった自然の現象も、僕たちに何かを語りかけていると考えることができます。

それに気づけるかどうかは、僕たちの心の状態次第です。心を開き、周囲の声に耳を傾けることで、日常の中に隠されたメッセージを見つけ出し、自分の物語をより深く、豊かに感じることができます。

とくに現代は、僕たちが自分の物語を見失いやすい時代です。

ＳＮＳやインターネットの発展により、常に僕たちは他者の物語を目にする機会が増えています。

他者と自分を比較し、自己の価値を見失ってしまうことも少なくありません。自分以外の物語に巻き込まれ、気づいたら自分の道を見失ってしまうこともあります。

だからこそ、自分自身に「主人公」と呼びかけ続けることが、今の時代においてはとくに重要です。「私が主人公だ」という言葉を自分に向けて発することで、自分自身の物語を生きる意識が強まります。

他者と比較するのではなく、自分の価値観や選択を大切にし、独自の道を進んでいくことで、本当の意味での「自分らしさ」を取り戻すことができるのです。

自分の物語をしっかりと生きていくことが、人生を豊かにする秘訣でもあります。

また、物語を紡いでいく中で大切なのは、目に見えるものだけではなく、目に見えないものです。日常の中にあるささいな瞬間や出来事も、実は深い意味を持っているかもしれません。

たとえば、何気なく耳にした言葉や、ふと目にした景色、偶然の出会いが、僕たちに大切なメッセージを届けていることがあります。

まさに、すべての「物」が「語」っているのです。それに気づくためには、常に心をオープンにし、受け取る準備をしておくことが重要です。

日々の生活が忙しくても、少し立ち止まり、静かな瞬間に自分の心と対話することで、新たな気づきを得ることができます。自分の物語をしっかりと生きるためには、他者の物語に惑わされることなく、自分の内側の声に耳を傾けることが不可欠です。

現代社会では、他者との比較が容易にできる環境が整っていますが、それに流されることなく、自分の道をしっかりと見つめ続けることが大切なのです。

自分の物語を意識的に作り上げることで、他者の成功や失敗に一喜一憂せず、自分自身の成長や喜びに集中できるようになります。

すべての物語が自分とつながっていることに気づき、自分の内なる声と対話しながら物語を紡いでいくことが、豊かで満ち足りた人生を生きるための鍵となるのです。

すべての「物」があなたの一部。その「語」りに耳をすまそう

「誰かを助けたい、笑顔にしたい」と思えますか？

ずっと寝込んでいたはずのオカンが、なぜＮＳＣの面接会場に来たのか。その理由を、後日、姉ちゃんが教えてくれました。僕が相方探しに苦労していること、何度も断られていることを、姉ちゃんがオカンに伝えたらしいのです。

オカンはその話を聞いて、「ワタルを助けたい」「ワタルを笑顔にしたい」という強い気持ちを抱いたそうです。そして、いくつか持って返ってきていた僕の机の上にあったＮＳＣの願書を見つけ、自分でそれを書き、面接会場まで足を運んでくれたのです。

僕にとって、その行動は驚きでしたが、オカンが自分の体調を押してまで、僕を支えるために面接会場に来てくれたこと、その背後には深い愛があったのです。

誰かのことを愛する気持ちがあると、その人の笑顔を見たいという、自然な想いが湧き上がってきます。これは親だけに限った感情ではありません。友人やパートナー、さ

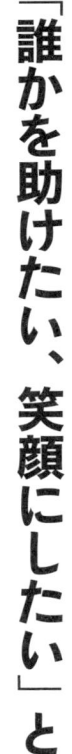

らには知らない人に対しても、僕たちは同じように感じることができるものです。

人間は、本質的に他者を支えたい、助けたいという気持ちを持っている存在です。ただし、本当に大切なのは、その気持ちに気づき、行動に移すことができるかどうか。

僕たちは日常生活の中で、自分自身の問題にとらわれがちです。仕事や人間関係、さまざまなストレスに押しつぶされそうになりながら、周囲の人々が抱える苦しみや悩みに気づく余裕を失ってしまうことも少なくありません。

しかし、**オカンが僕にしてくれたように、誰かが困っていることに気づき、一歩踏み出して助けに行くことが、相手だけでなく自分自身をも救うことにつながる**のです。

もし僕たちが、もう少しだけまわりの人の心の声に耳を傾け「今日は誰を笑顔にしようか?」と考えられたなら、その小さな一歩がやさしさの波紋を広げ、他者だけでなく自分自身も変えることができるはずです。

誰かを助けたいと思う瞬間、自分の心もまた軽くなり、その行動が結果的に自分の成長につながります。「誰かを笑顔にする」という行為は、見返りを求めないものでありながら、その行為を通じて自分自身が癒され、心が温かくなるものです。

僕たちの日常生活でも、こうした「誰かを笑顔にしたい」という気持ちを大切にし、行動に移すことで、他者の苦しみを少しでも和らげることができます。その行動が自分自身にプラスな影響を与え、心を軽くしてくれるのです。

思いやりの行動は、まるで小さな石を水面に投げ入れたときの波紋のように、次々と広がっていきます。それが、僕たちのまわりにやさしさと笑顔を広めていきます。**「誰かのためにできることは何か？」と考えることで、自然と自分の視野が広がり、心の重荷が軽くなることを感じられます。**それは、僕たちが互いに支え合い、笑顔を共有しながら生きていくために必要なことです。

ワタルちゃん理論を教えてくれたオカンが、いちばんの実践者であることに気づかされました。

今日は誰を笑顔にしますか？

第5章

「大好き」があなたを守り、みんなとつないでくれる

朝、それは毎日新しい自分が生まれるとき

オカンには、朝目覚めるたびに「おめでとう」と言いながら起きる習慣があります。

僕は当初、誰に対しての「おめでとう」なのか不思議でした。

実はオカンは「毎日が生まれたての自分」「毎日が誕生日」と考え、朝を迎えるたびに新しい自分を祝っていたのです。

心の中で「ハッピーバースデー、トゥーミー」とつぶやきながら、昨日までの自分と今日の自分に別れを告げ、まったく新しい一歩を踏み出しているのです。

この考え方には、深い意味があります。

まず「朝」という字には「十月十日」という意味が含まれています。これは、人間が母親の胎内で成長し、生まれるまでの期間と同じです。まるで朝が新しい生命を生む瞬間を象徴しているかのように、毎日が新たな始まりであるということを示しています。

朝を迎えるということは、ただ単に新しい一日が始まるだけではなく、僕たち自身もまた新しい自分として生まれ変わることを意味しているのです。

僕たちは毎朝、新しい一日を迎えますが、それ以上に、実は新しい自分が生まれているのです。昨日の出来事や悩み、失敗、うれしい思い出でさえも、すべてはもう過ぎ去った過去のものなのです。

今日という新しい日には、まだ一度も出会ったことのない「新しい自分」が存在します。オカンは、毎朝その新しい自分を心から祝福しているのです。「おめでとう」という言葉を自分に向けて贈ることで、新しいスタートを切ることができます。

この「毎日が誕生日」という精神を持つことで、僕たちは過去の重荷を背負わず、未来への不安や期待に押し潰されることもなく、今ここにいる「新しい自分」を祝福することができるようになります。

朝目覚めた瞬間、僕たちは何もかも新しい状態に戻り、再び自分の人生を作り上げていくチャンスを手に入れるのです。オカンの「おめでとう」という言葉は、そんな新しい自分を祝うための一言です。

僕たちは、過去の出来事や感情にとらわれることが多く、昨日の失敗を引きずったり、未来を心配しすぎたりして、今この瞬間に生きることが難しくなっています。

しかし、オカンのように「毎日が誕生日」と考えれば、過去や未来にとらわれず、今という瞬間を純粋に祝福し、新しい自分を感じることができるようになります。

「おめでとう」は、ただの言葉以上の意味を持っています。それは、今この瞬間に自分が存在していること、そして新たな一日を迎えられたことへの感謝と喜びの表現です。この一言が、僕たちの一日をどのように過ごすかというスタート地点になります。

朝の「おめでとう」の一言で、新しい自分を受け入れ、今日という一日を前向きに始めることができるのです。

オカンは、毎日この小さな儀式のような行為を続けています。目覚めた瞬間、自分自身に祝福を贈り、昨日とは異なる新しい自分としてスタートを切る。このシンプルな習慣こそが、オカンにとって大きな力を持っているのだと思います。

それは、人生のどんな困難や挑戦にも、前向きに向き合い続けるための「心のリセット」のようなものです。

オカンのように毎朝「おめでとう」と自分に声をかければ、どんなに素晴らしい一日が待っていることでしょう。朝のその一瞬に、新しい自分を感じ、過去の失敗や未来の不安を手放すことで、今この瞬間を最大限に生きることができるようになるのです。

次に朝目覚めたとき、あなたも自分自身に「おめでとう」と言ってみてください。過去を振り返らず、未来におびえず、今日という日を純粋に祝福するのです。毎朝、自分を祝福することで、僕たちはどんな一日も明るく、前向きに迎えることができます。

「毎日が誕生日」というオカンの考え方は、ただの習慣ではなく、僕たちが毎日をより豊かに、そして自分らしく生きるための大切な教えなのです。

「今日」という自分に出会えたことに、ハッピーバースデー、トゥーミー！

水を飲むときに、自分のなりたいイメージを持つ

オカンには、ちょっとした独特な習慣があります。毎回水を飲むたびに「これは痩せる水。飲めば飲むほど痩せていくんや」と自信満々に言ってくるのです。

それを言うオカンの顔は、まるでその言葉が真実であるかのように輝いていて、言葉の力と想像力を本気で信じているのが伝わってきます。

オカンにとって、この毎回の水を飲む行為は、単なる水分補給ではなく、理想の自分に近づくための一歩なのです。僕は、このオカンの習慣を「ドリンク」から夢（ドリーム）をつなぐ（リンク）という意味を込めて、「ドリームリンク」と呼んでいます。

実は飲み物は、ただの飲み物ではありません。オカンがそうであるように、**僕たちもまた、飲むという行為に想像力を結びつけることで、それを特別なものに変えることができる**のです。

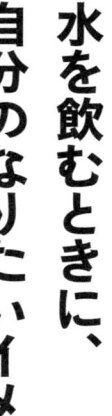

飲むという行為は、今の自分と、なりたい自分をつなぐ「リンク」なのです。水という、もっともシンプルでありふれた存在が、変化への手段になり得るというのは、想像力と信念の力によって実現されます。

もしあなたが、水を飲むたびに、理想の自分を思い描いたらどうでしょう？

その瞬間に、ただの水を飲むという行為が、毎日の目標や夢を確認するための「アファメーション（肯定的な言葉や信念を繰り返し言うこと）」に変わるのです。**毎回の一口が、あなたの追い求めているゴールや夢を現実に引き寄せるものになります。**

オカンは、飲むたびに「これで痩せる！」と信じていますが、それが痩せるためか、成功するためか、自己成長のためかは人それぞれです。大切なのは、信念を持ち、それを日々の行動に結びつけることです。

僕たちの体は、自分の思考や信念に反応します。何気ない行動でさえ、その背後に強い意識や思いが込められていれば、ただの行動が特別な意味を持つようになります。

水を飲むたびに「これで自分の夢に一歩近づいている」と本気で信じることができるなら、その行為は単なる水分補給を超えて、自分の決意を象徴するものに変わります。

オカンの「痩せる水」も、実際に痩せるかどうかは問題ではありません。重要なのは、彼女が信じているということ、そしてその信念が彼女の日々を少しでも楽しく、前向きにしているということです。

この考え方は、オカンだけでなく、誰にでも応用できるものです。僕たちも、何か夢や目標があるなら、その夢を日常の行動と結びつけることで、無意識のうちにその夢を現実に近づけることができます。

水を飲むことは、誰にとっても日常的な行為です。しかし、その行為に自分の夢や目標を結びつけることで、それはまるで儀式のような特別な時間に変わります。

たとえば、次に水を飲むとき、ただ喉の渇きを癒すだけでなく、その一口一口が未来の自分へとつながるステップだと思い描いてみてください。目標に向かって一歩進むたびに、飲むという行為が自分を励まし、前に進ませてくれます。

オカンが水を飲むたびに「痩せる!」と笑顔で言うように、僕たちもまた、自分の目指す姿や理想を、日常の小さな行動に結びつけることで、夢への道を一歩ずつ進んでいくことができます。

飲むという単純な行為が、ただの水分補給から自分を励ます行為へと変わり、それが毎日の積み重ねとなって、いつしか夢を現実に変える大きな力になっていくのです。

このようにして、僕たちは水を飲むという小さな行動さえも、夢を追いかけるための道具に変えることができます。次に水を飲むときは、その一口を大切にし、ただの行動ではなく、自分の夢に近づいていることを感じながら飲んでみましょう。

オカンの「ドリームリンク」は、単なる習慣ではなく、オカンの夢や理想に向かう一つの象徴です。僕たちもまた、日常の小さな習慣に夢を結びつけることで、日々の生活に少しずつ変化をもたらし、最終的には理想の自分に近づくことができるでしょう。

飲むという日常的な行為を、
夢に結びつける。
それが「ドリームリンク」

「思考のおもちゃ」で人生を遊ぼう

オカンは家の中でよく裸で過ごしています。普通に考えればそれは奇妙な行動かもしれませんが、彼女にとっては単なる奇行ではなく、深い意味を持っていました。

オカンは「赤ちゃんのように生きる」ことを体現していたのです。

赤ちゃんは着飾らず、何の先入観も持たず、ただ純粋に今この瞬間を全力で生きています。オカンは、その姿にあこがれ、同じように自分も心を裸にして生きたいと願っていました。

オカンの裸で過ごす姿は、まさに「心を裸にする」生き方です。オカンは、社会の常識や固定観念を脱ぎ捨て、赤ちゃんのように純粋な気持ちで毎日を過ごしたいと、心から思っていたのです。

赤ちゃんのように何にも縛られず、ただその瞬間を楽しむ。

それは、オカンの生き方の根底にある哲学でした。その影響を受けた僕は、オカンの「裸でいること」が単なる身体的な裸ではなく、「心の裸」を意味していることに気づくようになりました。

やがて僕も、次第に「裸の意識」で生きることを学びました。心に何もまとわず、純粋な興味や関心、好奇心で世界を見つめる生き方です。

僕たちは大人になるにつれ、さまざまな先入観や偏見、思い込みで自分自身を縛りつけてしまいがちです。しかし、赤ちゃんのように心を裸にして、物事をまっさらな状態で捉えることができれば、日常のすべてが新しい発見と可能性に満ちあふれます。

赤ちゃんは目の前にあるおもちゃで無邪気に遊び、全力でその瞬間を楽しみます。同じように、**大人になった僕たちも、「思考」というおもちゃを使って遊ぶ**ことができます。思考を通じて、人生のさまざまな選択肢を楽しみ、新しいことに挑戦し、好奇心のままに可能性を探ることができるのです。

赤ちゃんが持っている「大好き」を追い求める天才的な能力を、僕たち大人も忘れずに生きたいものです。

「大人赤ちゃん」とは、赤ちゃんのように純粋でありながら、大人としての経験と知識を活かして、無限の選択肢を楽しむ存在です。

僕たちは、目の前に広がる無数の選択肢を「おもちゃ」として捉え、それを使って思いっきり遊ぶことができます。人生は真剣に考えることも大切ですが、同時に、遊び心を持って楽しむこともまた重要です。

思考というおもちゃを使って遊ぶとは、どんなことでもまず試してみて、その結果を楽しむということです。

新しいアイデアに挑戦したり、違う視点で物事を見たり、失敗してもそれを学びの機会として受け入れること。赤ちゃんが何かに失敗しても、すぐに別のおもちゃで遊び始めるように、僕たちもまた、失敗を恐れずに前に進んでいく姿勢が大切です。

大人になると、ついつい結果にばかりとらわれてしまいますが、オカンのように、過程そのものを楽しむことができれば、毎日はもっと楽しいものになるでしょう。

「思考をおもちゃに変える」というこの考え方は、僕たちの人生を軽やかにし、豊かにしてくれます。

決して悩みや問題がなくなるわけではありませんが、それに対してどのように向き合うかのアプローチが変わります。問題に直面したとき、それを深刻に捉えるのではなく、あえて「これも一つの遊び」として捉え、どう楽しめるかを考えるのです。

そうすることで、悩みや困難さえも成長の機会として捉えられるようになり、人生はより豊かで自由なものになります。

人生は選択の連続です。その一つ一つを真剣に悩むのではなく、遊び心を持って選んでいくことで、僕たちは毎日をもっと楽しく、前向きに生きることができます。

「大人赤ちゃん」として、目の前の選択肢をおもちゃにして、自由に楽しみながら歩んでいくことが、オカンから教わった生き方の本質なのです。

「大人赤ちゃん」になって、思考を遊びに変えよう

あなたらしく「ゼロティブ」で生きてみる

現代社会では、僕たちはよく「ポジティブでいなければならない」「ネガティブな感情は避けたい」と思いがちです。どんな状況でも前向きで、明るく振る舞うことが理想とされ、ネガティブな気持ちが出てくると、どうにかしてそれを排除しようとします。

しかし、あまり知られていませんが、ポジティブやネガティブといった二元論的な考え方から離れた「ゼロティブ」という新しい生き方も存在します。

「ゼロティブ」とは、ポジティブでもネガティブでもない、まるで赤ちゃんのように純粋で、あるがままに物事を捉える生き方です。

赤ちゃんは、良い悪いといった価値判断を持たず、目の前に起こるすべての出来事をそのまま受け入れ、興味を持って体験します。この「赤ちゃんマインド」を持って生きることが、ゼロティブな心の持ち方です。

ポジティブもネガティブも、僕たちが物事を二元論的に判断することで生まれる感情です。

僕たちはことあるごとに、何かが良い、悪いという判断基準で捉えています。

しかし、この二元論を超えて、一元論的な視点で生きることができれば、物事をただそのままに受け入れることができます。

良いとか悪いといった評価を超越し、出来事をあるがままに感じ、受け止める生き方が「ゼロティブ」の本質なのです。

どんなに平凡な瞬間でも、その一瞬は二度と訪れないものです。

その瞬間を、ポジティブとかネガティブとか判断するのではなく、ただ感じ、体験し、受け入れる。これがゼロティブな心で生きるということです。

無理やりポジティブに自分を持っていく必要もなく、ネガティブにとらわれて落ち込むこともなく、ただ今という瞬間を楽しむことができるのです。

すべてが初めての体験であり、すべてが特別な一瞬であると捉えることで、人生がより深く、より豊かなものになります。

もちろん、すべての人に好かれることはできません。時には他人に批判されたり、理解されなかったりすることもあるでしょう。

しかし、それでも僕たちは、すべての人を好きになることはできます。ゼロティブな生き方を通じて、他人をそのままに受け入れ、好きになることができるのです。

誰かに対して否定的な感情を抱くことなく、その人をただ「あるがままに」見ることで、他者との関係もまた自然と調和していきます。

ゼロティブな心で生きるということは、自分らしく丁寧に生きることでもあります。過去の出来事や未来の心配に囚われることなく、今この瞬間に集中して生きることができるのです。

周囲の期待やプレッシャーに振り回されることなく、自分のペースで、ゆったりと人生を歩むことができるようになります。もっと自然体でいられるようになるのです。「ゼロティブな心」は、人生のあらゆる瞬間を楽しむための鍵です。ポジティブな感情もネガティブな感情も、結局は僕たちが心の中でラベルを貼っているだけに過ぎません。それを手放し、シンプルに生きることが、ゼロティブです。

今度ネガティブな感情が湧き上がってきたとき、その感情を否定するのではなく、ただそれを感じてみてください

「これも一つの瞬間であり、特別な経験なんだ」と思うことで、その感情はポジティブやネガティブという枠から外れて、ただの「今この瞬間の体験」として受け入れることができます。

そうすることで、僕たちは感情に振り回されず、もっと軽やかに、もっと自由に生きることができるようになるのです。

ポジティブでもネガティブでもない。「あるがまま」のゼロティブでいい

呼吸するだけで「幸せ」と思える人になろう

オカンは、呼吸をするたびに「幸せ」と思いながら空気を吸っています。オカンにとって、ただの空気は「幸せ呼吸」となり、心の中に幸せが染み渡っていくのです。

おもしろいことに、僕たちが「ただの空気」と思えば、それは空気でしかありません。しかし**「幸せ」と思って呼吸をすれば、その瞬間に吸い込む一息一息が、まるで幸せそのものに変わるかのように、心を満たしてくれる**のです。

呼吸は、誰もが無意識におこなう、ごく当たり前の行動です。僕たちは生まれた瞬間から死ぬまで、絶え間なく呼吸を繰り返します。

それなのに、多くの人はその呼吸の一つ一つに意識を向けることは、ほとんどありません。呼吸は、あまりにも当たり前の行動なので、ついその大切さを忘れてしまうことが多いのです。

でも、オカンは違います。オカンは、呼吸さえも意識して「幸せ」と結びつけています。彼女にとっては、呼吸するたびに幸せを感じる瞬間が訪れるのです。

オカンのいびきが家中に響き渡るほど大きいのは、きっと彼女が幸せで満たされている証拠なのでしょう。彼女の呼吸の中に込められた「幸せ」が、まるであふれ出しているように感じます。

呼吸は、じつに美しい行為です。息を吸うとき、空気は自然と鼻や口から入り、体の中を通って、息を吐くときに迷うことなく体外に出ていきます。つまり、**空気を吸うだけで生きるためのエネルギーを得て、息を吐くことで不要なものを手放す**のです。

このシンプルなプロセスの中には「ただ在ること」の尊さが存在します。呼吸を繰り返すことは、生きている証そのものです。そのことに気づき、感謝を持っておこなうことで、僕たちは「ただ生きている」こと自体の美しさを感じられます。

オカンの「幸せ呼吸」は、まさにこの「ただ在る」ことの喜びを象徴しています。僕たちが日々当たり前におこなっている呼吸も、もし意識を持ってその一つ一つを味わうようにすれば、僕たちの心に幸せが自然と広がっていくのです。

オカンは「生きていること自体が奇跡であり、呼吸するだけで幸せを感じられる」と言います。

僕たちはつい、幸せを外に求めがちです。新しい物を手に入れること、成功を収めること、人との関わりの中で何かを得ること、これらももちろん素晴らしいことですが、オカンが教えてくれたのは、それだけではありません。

幸せは、外部のものに左右されるものではなく、自分の内側から生み出すことができるということ。呼吸を通じて、自分自身の内側にある「幸せ」に気づき、そこから幸せを引き出すことができるのです。

たとえば、深呼吸をするとき、その一瞬に「幸せ」と思ってみてください。

空気が鼻から入る瞬間、その清々しさを感じ、吐くときには心の中の不要な感情を手放していく。たったそれだけで、心が軽くなり、幸せが体全体に広がっていく感覚を得られます。

オカンの言う「幸せ呼吸」を実践することで、どんな日常の一瞬も、特別なものに変わります。

忙しい日々の中で、小さな幸せを見逃しがちな僕たちですが、呼吸の中に幸せを感じることで、日常の中に埋もれている宝物を発見することができます。どんな瞬間も、ただ呼吸をすることで、その瞬間が尊く、輝かしいものに変わっていくのです。

呼吸だけで幸せを感じられるのなら、僕たちの人生はすべてが宝物のようなものになります。

これから呼吸をするときは、ただ空気を取り込むだけでなく、自分が今生きていることと、その瞬間に「幸せ」が存在していることを感じてみましょう。たとえ何も特別なことがなくても、その一呼吸で、僕たちはすでに幸せに満たされているのです。

ただの空気ではなく、「幸せ」を吸っている自分に気づけるか

まずは自分、次に身近な人、最後によりたくさんの人

オカンはいつも「幸せな状態」を保つことを意識して生活しています。

ある日、そんなオカンから「幸せの秘密」をギャグの形式で教えてもらったことがあります。それは、幸せには三段階あるということでした。オカンはこの考え方を「幸せの三段活用」と呼んで、楽しそうに説明してくれました。

この「幸せの三段活用」における最初のステップは、自分を幸せにする「しあわせ〜」です。自分自身を満たすことがなければ、他人を幸せにすることはできません。

また、これは自分自身を両手で抱きしめるポーズを取りながら、自分自身を幸せに満たされていくイメージを持ちながら「しあわせ〜」と言うギャグでもあります。

オカンはいつも「自分を幸せにしなさい」と言っていましたが、この「しあわせ〜」と言うのは、その具体的な実践でもあります。

自分の心や体をいたわり、自分にとって本当に必要なものを理解し、それを得るために行動する。つまり、まずは自分の内側に幸せを見つけ、自分自身を満たすことが、最初にして最も大切なステップなのです。

これは自己中心的に生きるという意味ではなく、心の余裕やエネルギーがなければ他人を支えることや、幸せを分かち合うことができないという現実を反映しています。

自分が元気で幸せであれば、自然とまわりの人にもやさしくなれるし、プラスな影響を与えることができるでしょう。

次に来るのが、身近な人が幸せになる「しあ！」のステップです。

これは、自分が幸せになったそのエネルギーをまわりに伝播させ、家族や友人など、身近な大切な人々を幸せにするという段階です。

ポーズは、両手に握りこぶしをつくり、ひじを90度に曲げて、自分自身から幸せがあふれてきているイメージを持ちながら、身体全体を前のめりに出して「しあ！」と言うギャグです。

オカンはよく「自分が幸せなら、まわりも自然と幸せになる」と言っていました。

それはこの「しあ！」のことを言っていたのですが、自分が心から幸せでいると、その幸福感がまわりの人にも伝わり、彼らも幸せを感じるようになります。

オカンはいつも、自分と関わる人たちのことを第一に考え、みんなが笑顔でいられるように考えていました。それは「しあ！」の実践そのものであり、オカンが自分の幸せをまわりに広げていった結果でした。

そして、**最終段階が「しゃ〜！」**です。

これは、より多くの人に幸せが広がっていくという段階で、自分と身近な人たちだけでなく、遠く離れたところまで幸せが広がっていくことを意味しています。

ポーズは、身体全体に貯めこまれた幸せが、世界中に飛びだしていくイメージをしながら「しゃ〜！」と言うギャグです。

僕たち一人ひとりが自分や周囲の幸せを育んだ結果、それが世界全体にまで影響を与え、人々が互いに幸せを分かち合う世界を作り出していくのです。

世界全体が幸せになるというのは、個人の力だけでは難しいように感じるかもしれませんが、実は小さな幸せの連鎖が大きな波を生み出します。

自分が幸せでいることで、まわりの人も幸せになり、その人たちがまたほかの人たちに幸せを伝える。この連鎖が続けば、世界全体がよい方向に向かっていきます。オカンが教えてくれたのは、僕たち一人一人の行動が大きな影響を持ち、他の人々の幸福にもつながるということでした。

あなたが「幸せ」について考えるとき、この「幸せの三段活用」を思い出してみてください。まず自分を幸せにし、その幸せをまわりに広げ、最終的には世界全体に幸せが広がるのを意識することで、あなたの生活にも小さな変化が生まれるはずです。

自分を大切にし、まわりを大切にし、そして幸せの波を広げていきましょう。

「しあわせ〜」「しあ！」「しゃ〜！」

1点満点！ 加点方式の生き方をしよう

漫才がうまく作れなかったとき、僕はよく落ち込んでいました。しかし、そんなときオカンはいつもやさしく「生きているだけで満点なんやで。常に満点。100点を取らなくてもいい、1点満点で十分なんや」と言ってくれました。

僕たちは、何もしなくてもすでに「1点」を持っているのです。生きているだけで、その1点が与えられている。減点方式で自分を評価すると、失敗やミスに対して厳しくなり、自己嫌悪におちいったり、気分が落ち込んでしまったりします。

しかし、オカンの言う「加点方式」で考えると、どんな小さな一歩でもそれが成長として数えられ、自分の価値がどんどん積み重ねられていくのです。

オカンは「1秒1成長」という独自の考え方を持っていました。1秒ごとに1レベルアップするという発想です。つまり、1分で60レベル、1時間で3600レベル、そして1日が終わるころには、莫大な数の成長を遂げていることになります。

オカンのこの言葉に出会ったことで、僕はたとえ何もしていないと感じる時間でさえも、何かしらの成長が自分の中で起きていると信じられるようになりました。漫才がうまく作れなくても、その経験自体が自分に何かを教え、加点されているのです。

失敗や挫折は、僕たちの成長を止めるものではありません。それどころか、それらもまた加点方式で捉えることができる。たとえ自分が目標に届かなくても、その過程で得たものは必ず自分にプラスになっているということです。


この「常に加点」という考え方を持つことで、どんなときでも自己嫌悪におちいることなく、自分を励まし、前向きに歩んでいくことができます。


オカンが教えてくれたのは「１００点を取らなくてもいい」ということでした。僕たちはしばしば、完璧でなければ価値がないと考えてしまいがちです。しかし、オカンは「1点満点で十分」だと言いました。

つまり、たとえ小さなことでも、それが自分の中で成長の証となるのであれば、それはすでに「満点」だという考え方です。

僕たちは日々、自分を高めるために行動しています。その結果、何が起こっても、すべてが自分を成長させてくれる「加点」になるのです。

この考え方は、僕の人生に大きな影響を与えました。

以前は、漫才がうまくいかないと「自分はダメだ」と思い、自己嫌悪におちいることがありました。しかし、オカンの言葉を思い出すたびに「失敗は減点ではなく、経験として加点されている」と自分に言い聞かせることができました。

それにより、自分を責めるのではなく、励ますことができるようになったのです。

オカンはまた、こうも言っていました。

「**大切なのは、結果ではなく、プロセスそのものなんやで**」

人生は結果だけを追い求めるものではなく、そこに至るまでのプロセス自体に価値があるということです。何か大きな成果を手に入れなくても、その過程で経験したすべてが自分を豊かにしてくれます。

だからこそ、失敗しても、うまくいかなくても、僕は自分に「よくやった」と言ってあげることができるようになりました。

すべての出来事は自分にとってプラスだと捉えれば、何かしらの形で成長につながっているのです。たとえそのときは失敗に見えても、あとになって振り返れば、それが自分を成長させた大切な経験であったことに気づくことができます。

このように、人生を加点方式で捉えることで、前向きなエネルギーを保ち続けることができます。毎日の中で小さな挑戦や努力、時には何もしない時間さえも、自分を成長させるための大切なプロセスとして受け入れることができるのです。

常に「よくやった」と自分に声をかけ、どんな一日も成長のチャンスと捉えていきましょう。

100点からの減点じゃなくて、1点からの加点でいい

悩まない。「1秒坊主」を繰り返せばいい

ネタ作りに行き詰まってやる気が出ないとき、オカンは「三日坊主なんて気にすることない！　『1秒坊主』でいいんや」とよく言ってくれました。

一瞬の行動にこそ価値があるというシンプルなメッセージです。

僕たちは「何かを始めるならしっかりと時間を取って、集中して取り組まなければならない」と考えがちで、完璧にやらなければならないというプレッシャーを感じることがあります。

しかし、オカンは「そんなプレッシャーにとらわれる必要はない」と言います。**たとえ1秒だけでも、ほんの少しだけでもいいから何かを始めれば、その1秒が次の1秒を呼び、それが積み重なることで大きな成果につながるというのです。**

「1秒坊主」という考え方は、物事を始める際に大きな決断や意欲を求めるのではな

く、小さな一瞬の行動に意味を見出すことです。

僕は「長続きしない」「モチベーションが続かない」という理由で何かをあきらめてしまうことがありました。三日坊主で終わったり、途中で投げ出したりすることに悩むときも多かったです。

しかし、オカンの言葉を借りるならば、たとえ1秒だけでも行動を起こすことが大切です。ネタ作りのやる気が出ないときでも、1秒だけ机に向かい、ペンを握ってみる。たったそれだけでいいのです。

すると、不思議なことに、その1秒の行動が次の1秒、さらにその次の行動を引き寄せ、気づけば数分、数十分と作業に没頭していることがあります。

この「1秒坊主」の考え方には、完璧主義にとらわれない柔軟さが含まれています。

僕たちは何かを始めるとき、すべてを完璧にこなそうとするあまり、最初の一歩が重くなりがちです。

しかし、オカンが言うように、たった1秒の行動でも、それが次につながっていけば、結果として大きな前進になります。

成功や成長は、一気に大きな成果を求めるのではなく、日々の小さなアクションの積み重ねから生まれるのです。

この「1秒坊主」の考え方は、ただやる気がないときにだけ有効なのではありません。日々の生活の中で、新しい習慣を作りたいときや、何か新しいことに挑戦したいときにも非常に役立ちます。

何か大きな目標を掲げると、その達成には時間がかかり、途中であきらめてしまいそうになることもあります。しかし、1秒だけならどうでしょうか？

「1秒だけやってみよう」と思えば、その小さな一歩を誰でも簡単に踏み出すことができます。その小さな一歩が続くことで、やがて大きな成果へとつながるのです。

オカンは「1秒の行動でも、それが積み重なれば大きなものになるんやで」とよく言っていました。

その言葉を胸に、僕はどんなにやる気がないときでも、まずは小さな一歩を踏み出すことを意識するようになりました。1秒だけやってみる。それだけで、思った以上にたくさんのことができるようになります。

やがて、それが新しい習慣となり、気づけば多くの成果を得ることができるようになるのです。

大切なのは、大きな一歩を踏み出そうとすることではなく、小さな一歩を継続することです。たとえ1秒でも、少しずつでもいいのです。その積み重ねがいつか大きな力となり、僕たちを目指す場所へと導いてくれます。

成功や成長は、長時間の集中や一気に成果を出すことよりも、ほんの小さな一瞬の行動から生まれるものです。「1秒坊主」を繰り返すことで、やがてそれは新しい習慣となり、思いもよらない成果へとつながっていくはずです。

「1秒坊主」になろう。
まずは1秒だけ手を動かす！

「人生はすべてギャグやで!」

オカンは人生を深刻に捉えることがありません。「人生はすべてギャグやで!」と、どんなときでも笑顔でそう言います。

たとえつらいことや思いどおりにいかない出来事があっても、それをギャグとして笑い飛ばす。オカンは、人生の困難さえも「ネタ」に変えることで、常に前向きなエネルギーを保ち続けています。

僕たちはしばしば、人生の難しい瞬間や失敗を重く受け止めがちです。つい真剣になりすぎて、物事が思い通りにいかないとストレスを感じたり、落ち込んだりしてしまうことがあります。

しかし、オカンの言う「人生はすべてギャグやで!」という言葉には、そんな苦しみを軽くする魔法のような力があります。

どんなにつらいことがあっても、それをギャグとして捉えることで、心の負担が軽くなるのです。

オカンは、どんなに大変な出来事でも、あとで「これ、ネタにできるな」と笑いながら話せる余裕を持っていました。実際に、日常の中で失敗したことや、うまくいかなかった出来事を、笑い話にしてしまうのです。

普通なら恥ずかしいと思うような出来事も、オカンにとっては笑い飛ばせるチャンス。「これで一つ、おもしろい話ができたわ！」と喜んでさえいました。この遊び心とユーモアが、オカンの強さの秘密なのです。

ギャグとは、単なる冗談ではありません。ギャグには、困難を受け入れてそれを笑いに変える力があります。人生において、何もかもが思いどおりにいくことはありません。失敗や挫折は避けられないものであり、誰しも一度は経験するものです。

しかし、そんなときこそ笑いの力を借りることで、僕たちは困難を乗り越えることができます。たとえ苦しい瞬間でも、あとで笑い話になると信じていれば、今の痛みさえも和らげることができるのです。

僕も何度もオカンの言葉に救われました。

ネタ作りがうまくいかないときや、失敗して自信をなくしそうになったとき、オカンの「人生はギャグやで！」という言葉を思い出すと、肩の力がふっと抜け、気持ちが楽になるのです。

「こんな失敗、あとで漫才に使えるな」「今はつらいけど、将来この話でみんなを笑わせられる」と思うと、自然と前向きになれました。

この発想をするためには、すべての出来事を「遊び心」で捉えられるかが大切です。

困難さえもゲームのように捉え、笑いながら進んでいく。

この姿勢は、まさに人生を楽しむ秘訣でもあります。笑いは、僕たちの心を癒し、困難な状況さえも乗り越えるための大きな力を与えてくれます。

オカンが言っていた「人生はすべてギャグやで！」という言葉には、笑いの力を信じる深い意味が込められています。

笑うことで、僕たちは人生の苦しみや痛みを軽減させ、それをポジティブなエネルギーに変えることができるのです。

僕も、どんな状況でも笑顔を忘れないようにしています。どれだけつらいときでも「これ、後で絶対ネタになる！」と思えば、少しずつ気持ちが楽になっていくからです。どんなに失敗しても、うまくいかなくても、それは一つの「ギャグ」として楽しむ心があれば、人生はどこまでもおもしろく、楽しいものになります。

人生には思い通りにならないことがたくさんありますが、それに対してユーモアを持って向き合うことで、僕たちはもっと自由に、楽しく生きることができます。

困難に直面しても、「これをギャグにしてやろう」という心の余裕を持てれば、人生は驚くほど軽やかになります。

どんな状況でも笑い飛ばす心があれば、僕たちはいつでも幸せでいられるのです。

「人生はすべてギャグ」。それだけで人生はおもしろく、楽しくなる

「大好き」と言い合える人をたくさん見つけていこう

「好き」という漢字には、とても深い意味が込められています。実は「母親が子どもを抱きしめている」という意味から来ているそうです。

母親が子どもを抱きしめる姿には、無条件の愛と安心を感じます。この深い意味を知ることで「好き」とは単なる感情ではなく、相手を大切に思い、包み込む行為そのものであることに気づかされました。

母親が子どもを抱きしめる、その行為には、何の見返りも求めない無償の愛があります。それは、ただ子どもがそこにいるという事実だけで、母親の心が満たされる瞬間です。

だからこそ「好き」という感情も、ただ誰かを愛し、その人を大切に思うという気持ちが根底にあるのです。

こうして考えると、僕たちが誰かに「好き」と伝えるとき、それは単なる感情以上に、相手を包み込むやさしさや愛情を込めたものになります。

僕は、この深い意味を知ったとき「好き」という言葉を、もっと大切に使おうと思うようになりました。そして、この「好き」の意味を、できるだけ多くの人に伝えていきたいとも考えています。

なぜなら、**人と人が「好き」と言い合える世界こそが、僕たちが目指すべき幸せな世界だ**と思うからです。

ここから僕の「せーの、大好き！」という合言葉が生まれました。

誰もが、大好きな人たちと、大好きな場所で、大好きなことをする――そんな世界を想像するだけで、心が温かくなり、幸せな気持ちになります。

では、逆に「嫌い」という言葉はどうでしょうか？

「嫌」という言葉は、二つ以上のものを兼ね備えていることを意味します。つまり、対立する感情が同時に存在している状態です。

人は誰しも、好きと嫌いの感情を持ち合わせていますが、これを別々に捉えるのではなく、すべてを一つとして捉え直すことです。

何かを嫌いだと思ったとき、その感情がどこから来ているのか、自分の心を深く見つめることで、好きと嫌いの境界が曖昧になり、やがて一つに統合されていきます。

ワタルちゃん理論（自分理論）の「すべてが自分」という考え方は、まさにこの「好き」と「嫌い」の境界線を越えて、すべてを一つに捉えるアプローチです。

相手を分けて考えるのではなく、相手も自分の一部だと認識することで、対立する感情は消え、すべてが調和の中で一つにつながっていくのです。

結果的に、嫌いという感情も自然と溶けていき、他者を受け入れることができるようになります。

「好き」という言葉や感情の深い意味に気づかされると、僕たちはもっと積極的にこの感情を表現し、人とつながっていきたくなります。

他者と心を一つにし、「好き」と言い合える社会が広がれば、世界はもっとやさしく、温かい場所になります。

誰もが無条件に「大好き」と言い合える世界、それはお互いを尊重し、包み込むやさしさに満ちた世界です。

この「好き」の意味を理解し、日常の中で少しずつ実践していくことで、僕たちは他者と、より深くつながり合うことができるはずです。

「大好き」と言い合える世界になるよう、自分のできることから始めてみる

「大好き」を見つけながら生きていこう

人生は「大好き」を見つける旅です。

オカンがいつも教えてくれたのは、夢を追いかけることの大切さだけではなく、その夢の根底にある「大好き」を見つけることの意味でした。

夢というものは、単に目標を達成するために設定するものではありません。その背後には、僕たちを突き動かす「大好きなこと」が存在しているのです。

僕たちは「大好き」を見つけ、それを追い求めることで、日々エネルギーを感じ、心を燃え立たせることができます。

「大好き」は、ただの感情ではありません。僕たちが生きていくうえでの原動力になります。

ですから「大好き」を見つけることができれば、その瞬間から僕たちは自然に夢へと向かって歩み始めることができます。その「大好き」を持ちながら生きていけば、その感情はやがて「愛」に変わっていくでしょう。

「大好き」という感情は、心の奥底から自然と湧き上がるものです。それに従うことで、夢を追うことが楽しくなり、人生そのものが輝き出します。

僕たちは、大好きなことを見つけると、心が満たされ、時間は一瞬で過ぎ去っていきます。

夢中になって何かに取り組んでいるときの感覚は、まさに時間を超越した瞬間であり、僕たちはその中で充実感と満足感を感じます。

オカンが教えてくれたのは、その感覚こそが本当に大切なものだということです。

僕たちが「大好き」を見つけることができれば、それによって人生はただの日常から、特別で意味のあるものに変わっていきます。

オカンは、いつも「何か一つでも大好きなことがあれば、それだけで人生は特別なものになる」と言っていました。

年齢を重ねるにつれて、その言葉の意味をより深く感じるようになりました。

人生は、たくさんの「大好き」に囲まれた一つの奇跡です。

毎日、大好きなことを少しずつ見つけ、それを大切にしながら過ごすことで、僕たちの人生はもっと豊かで充実したものになっていきます。

「大好き」を追いかけること、それ自体が僕たちを成長させ、夢を形にしていく力となるのです。


オカンの言葉を思い出すと、「大好き」は、ただ自分を満たすためのものではなく、それがまわりの人にも影響を与え、広がっていくということにも気づかされます。

たとえば、僕たちが「大好き」と感じることに対して情熱を持ち続ければ、自然とそれはほかの人にも伝わり、共感を呼びます。

つまり「大好き」を持つことが、他者とのつながりを深めるきっかけにもなるのです。

大好きなことを語るとき、その言葉には力があり、人を引きつける魅力があります。

それは、心から「大好き」だと感じているからこそ、自然と生まれるものです。

　僕たちは、こうして「大好き」を見つけ続け、人生を豊かにし、まわりの人ともその喜びを分かち合っていくことで、より大きな幸せを手に入れることができます。

夢を追いかけることは大切ですが、その夢の根底には必ず「大好き」があることを忘れてはいけません。

「大好き」を感じながら生きることで、僕たちは日々の生活を楽しむことができ、どんな困難があっても、そのエネルギーで乗り越える力を得ることができます。

　これからも「大好き」を見つけていき、大好きな自分になり、大好きな人生にしていきましょう。

　せーの、大好き！

「大好き」を見つけるたびに、
あなたの人生は輝いていく

おわりに

最後まで本書を読んでいただき、ありがとうございます。

本書の中に登場する「ワタルちゃん」というのは、姿を変えた「あなた自身」です。

もっと言えば、この文章そのものも「あなた自身」の一部なのです。

「すべてを自分だと思う生き方」というのは、このように「ヒト・モノ・コト」のすべてが自分の一部であり、それを受け入れるという考え方です。

これが、本書でお伝えしたい「すべてを自分だと思う生き方」です。本書を通じて、この考え方が少しでもあなたの日常に役立つものであれば、とてもうれしく思います。

「自分理論」を実践することで、周囲との比較から解放され、自分だけの「ゼロティブ」な状態に近づきます。その結果、本来の自分らしい生き方を見つけることができるのです。まわりの価値観に振り回される必要はありません。

なぜなら、すべてが自分であり、自分自身の価値はほかの何かによって定義されるものではないからです。すべてが自分だと気づいたとき、本当に自由な人生を歩むことができます。

これまでの人生の中で、「自分はほかの人と違う」「どうして自分にはあれができないのだろう」と思うことがあったかもしれません。

それは、自分を他人と比較する癖が染みついているからです。

しかし「ゼロティブ」という考え方を取り入れると、他人と比べる必要がなくなります。ゼロティブとは、ポジティブでもネガティブでもない、ただありのままの自分を受け入れる状態のことです。

この状態に近づくことで、もっと自分らしく生きることができるようになるのです。

また「GIVE&TAKE」という考え方に触れたことがある方も多いでしょう。「与えれば受け取れる」という考え方です。

しかし、現代では「与えること」に疲れてしまう人も少なくありません。

「与えなければならない」という思い込みがプレッシャーとなり、自分を追い詰めてしまうこともあるのです。だからこそ、僕は「GIVE&TAKE」でも「GIVE&GIVE」でもない、「LOVE&LOVE」という生き方が最高の生き方だと考えています。

「LOVE&LOVE」とは、自分自身を満たし、自分の中に「大好き」を持つことを第一に考える生き方です。大好きに満ちた状態で初めて、他人に何かを与えることができるのです。

たとえば「GIVE」という言葉をよく見てみると、「GIFT（贈り物）」の箱の中に、「LOVE」が入っているからこそ、「GIVE」できるのではないのかと思えてきます。だから「GI」FT＋LO「VE」となっているのかもしれません。

つまり「大好き」があるからこそ、人は何かを与えることができるのだと考えています。

「自分を大好きだと思うこと」は、他人への大好きを生む第一歩です。そして「大好き」を見つけながら生きていくと、「大好き」は「夢」へと変わります。

さらに「大好き」を感じながら生きていくと、「大好き」は「愛」へと変わります。

このように、大好きなものを中心に人生を組み立てていくことで、自分自身もまわりの人々も笑顔にすることができるのです。

お母さんが笑顔になると、子どもたちも笑顔になります。女性が笑顔になると、男性も笑顔になります。笑顔は女性から始まると思っています。

だから、女性の皆さんは、たくさん笑顔になってください。そして、男性の皆さんは、女性を笑顔にさせてください。そうやって笑顔が広がっていくことで、日本中、そして世界中が笑顔でいっぱいになることを願っています。


本書が完成するまでには、多くの方々に支えられました。出版社である秀和システムさんをはじめ、日々僕を励ましてくれた家族や友人たち。そして何よりも、本書を手に取ってくださったあなたに、心から感謝いたします。

この本が、あなたにとって新たな視点や価値観を提供し、笑顔や大好きを増やすきっかけとなることを願っています。

最後に、何よりも「オカン」に感謝を伝えたいと思います。

僕が「ゼロティブ」という考え方を学び、それを人生に活かすことができたのは、オカンの存在があったからです。オカンの笑顔と愛情は、僕の人生そのものを変える力がありました。

この本は、オカンへの感謝の気持ちを込めて書き上げたものです。

2025年2月1日、オカンの誕生日に、この本をプレゼントとして届けられることを、心からうれしく思います。

オカン、僕を産んでくれて、育ててくれて、本当にありがとう。あなたの教えと笑顔が、僕の人生を支えてくれました。これからも僕の「大好き」を追い求めながら、あなたが教えてくれた笑顔を、たくさんの人に届けていきたいと思います。

せーの、大好き！

2025年2月1日

オカンへの誕生日プレゼントとして

ワタルより

著者プロフィール

ワタルちゃん

親子漫才師、お笑い講演家、TEDxスピーカー。

日本初の母子漫才師「ワタルwithオカン」結成。吉本の養成所NSC在学中に「ワッハ上方アマチュア演芸コンクール　審査員特別賞」「新人お笑い尼崎大賞奨励賞」を受賞し、新聞、雑誌、テレビなどで取り上げられる。「M-1グランプリ準々決勝」に進出し、オカンはピンで「R-1ぐらんぷり準々決勝」に進出する。

2021年、音声SNS「Clubhouse」で、ダウンタウンDXの元プロデューサー西田二郎氏に出会い、西田二郎氏から「Clubhouse芸人」と命名される。西田二郎氏がモデレーターを担当し、日本初のClubhouse漫才をオカンと一緒にする。

2023年、世界的なスピーカーイベントTEDxTalksの「TEDxNamba」に登壇し、ゼロティブは「広める価値のあるアイデア」として高く評価され、国内外から大きな反響を得る。現在は、オカンの教えを多くの人々に届け、日本中に笑顔を増やしている。

■装丁　大場 君人
■イラスト　ユウ・スミワタル

自分《じぶん》が「大好《だいす》き！」になる
オカンの教《おし》え

発行日　2025年 2月 1日　第1版第1刷

著　者　ワタルちゃん

発行者　斉藤　和邦
発行所　株式会社　秀和システム
〒135-0016
東京都江東区東陽2-4-2　新宮ビル2F
Tel 03-6264-3105（販売）Fax 03-6264-3094
印刷所　三松堂印刷株式会社　Printed in Japan

ISBN978-4-7980-7325-5 C0095